# LEONARDO LAGO

# Diálogo de sala de aula

Teoria e Prática do Ensino Dialógico

Copyright © 2024 Leonardo Lago

*Editores:* José Roberto Marinho e Victor Pereira Marinho
*Projeto gráfico e Diagramação:* Horizon Soluções Editoriais
*Capa:* Horizon Soluções Editoriais
*Imagem de capa:* Imagem gerada por IA - Copilot Microsoft

*Texto em conformidade com as novas regras ortográficas do Acordo da Língua Portuguesa.*

**Dados Internacionais de Catalogação na Publicação (CIP)**
**(Câmara Brasileira do Livro, SP, Brasil)**

Lago, Leonardo
  Diálogo de sala de aula: teoria e prática do ensino dialógico. / Leonardo Lago. - São Paulo: LF Editorial, 2024.

  Bibliografia.
  ISBN: 978-65-5563-482-2

  1. Aprendizagem 2. Diálogos 3. Educação e cultura 4. Práticas educacionais 5. Professores - Formação 6. Sala de aula I. Título.

24-221982                                                       CDD: 370

**Índices para catálogo sistemático:**

1. Diálogos: Educação 370

Tábata Alves da Silva – Bibliotecária – CRB-8/9253

ISBN: 978-65-5563-482-2

Todos os direitos reservados. Nenhuma parte desta obra poderá ser reproduzida sejam quais forem os meios empregados sem a permissão do autor. Aos infratores aplicam-se as sanções previstas nos artigos 102, 104, 106 e 107 da Lei n. 9.610, de 19 de fevereiro de 1998.

Impresso no Brasil | *Printed in Brazil*

**LF Editorial**
Fone: (11) 2648-6666 / Loja (IFUSP)
Fone: (11) 3936-3413 / Editora
www.livrariadafisica.com.br | www.lfeditorial.com.br

# Diálogo de sala de aula

Teoria e Prática do Ensino Dialógico

# CONSELHO EDITORIAL

**Amílcar Pinto Martins**
Universidade Aberta de Portugal

**Arthur Belford Powell**
Rutgers University, Newark, USA

**Carlos Aldemir Farias da Silva**
Universidade Federal do Pará

**Emmánuel Lizcano Fernandes**
UNED, Madri

**Iran Abreu Mendes**
Universidade Federal do Pará

**José D'Assunção Barros**
Universidade Federal Rural do Rio de Janeiro

**Luis Radford**
Universidade Laurentienne, Canadá

**Manoel de Campos Almeida**
Pontifícia Universidade Católica do Paraná

**Maria Aparecida Viggiani Bicudo**
Universidade Estadual Paulista - UNESP/Rio Claro

**Maria da Conceição Xavier de Almeida**
Universidade Federal do Rio Grande do Norte

**Maria do Socorro de Sousa**
Universidade Federal do Ceará

**Maria Luisa Oliveras**
Universidade de Granada, Espanha

**Maria Marly de Oliveira**
Universidade Federal Rural de Pernambuco

**Raquel Gonçalves-Maia**
Universidade de Lisboa

**Teresa Vergani**
Universidade Aberta de Portugal

*Aos meus pais, sempre, pela dedicação, cuidado e educação.*

*Aos professores, professoras, alunos e alunas de nosso país,*
*em particular àqueles que participaram de minha caminhada.*

*A existência, porque humana, não pode ser muda, silenciosa, nem tampouco pode nutrir-se de falsas palavras, mas de palavras verdadeiras, com que os homens transformam o mundo. Existir, humanamente, é pronunciar o mundo, é modificá-lo. O mundo pronunciado, por sua vez, se volta problematizado aos sujeitos pronunciantes, a exigir deles novo pronunciar. Não é no silêncio que os homens se fazem, mas na palavra, no trabalho, na ação-reflexão*

(Freire, 2016, p. 134).

# Sumário

Introdução | 23

**Capítulo 1 – Sobre diálogo, dialogia e ensino dialógico | 27**
Linguagem e diálogo no desenvolvimento humano e na aprendizagem escolar | 27
Duas abordagens teóricas sobre o diálogo | 31
Algumas definições e comentários | 36

**Capítulo 2 – O ensino dialógico: dados e perspectivas na sala de aula | 39**
Diálogo de sala de aula: tradição de pesquisa | 39
Diálogo produtivo para o aprendizado escolar | 43
Um modelo descritivo-analítico para o diálogo de sala de aula | 46

**Capítulo 3 – O trabalho em grupo: promovendo diálogos produtivos | 53**
O papel do trabalho em grupo no ensino dialógico | 53
Movimentos discursivos, tipos de diálogo e aprendizagem em grupo | 58
*Thinking together*: promovendo o diálogo colaborativo em grupo | 63
Caracterizando o diálogo em grupo em uma escola brasileira | 68

**Capítulo 4 – As abordagens para o diálogo e os movimentos dialógicos | 79**
Abordagens ao diálogo e suas concretizações na sala de aula | 79
*Accountable talk*: os movimentos dialógicos para orquestração
do diálogo colaborativo | 93
Discurso exploratório e discurso elaborado: uma distinção importante para
o aprendizado em sala de aula | 100

**Capítulo 5 – A construção de explicações científicas: uma tipologia para
a sala de aula | 103**
O papel da linguagem no ensino de ciências | 103
O que é uma explicação científica? | 105
O que é uma explicação científica na sala de aula? | 106
A linguagem científica escolar | 121

**Capítulo 6 – Diálogo e cultura | 125**
Cultura escolar, cultura dialógica e cultura brasileira | 125
Coda: Mantendo diálogos no-mundo-com-o-mundo | 129

Referências | 131

Anexo – Tipos de pergunta | 147

# APRESENTAÇÃO

Este livro é resultado de minha tese de doutorado em Educação[1] sobre o papel do diálogo nos processos de ensino–aprendizagem em sala de aula. Contudo, não se trata da publicação do texto integral, mas de uma seleção, organização e, principalmente, uma reformulação para atender a um público mais amplo. Assim, optei por uma abordagem abrangente do tema, uma linguagem menos formal, com a redução do "academicismo" e uma quase total eliminação do rigor da metodologia de pesquisa científica. O objetivo é que professores da educação básica e alunos no início do percurso em uma pós-graduação possam ter um texto acessível, teórico e prático sobre o ensino dialógico.

O ponto central aqui é trazer o diálogo, isto é, as interações discursivas, para o centro da discussão do processo de sala de aula, afirmando que a qualidade dessa comunicação é intimamente ligada à qualidade do processo de ensino–aprendizagem. O livro traz diversos exemplos que ilustram como o uso do diálogo pode restringir ou ampliar a construção das compreensões sobre os temas em discussão.

---

1    A pesquisa de doutorado foi realizada na Universidade de Cambridge e foi possível somente pelo apoio por bolsa de estudos da Coordenação de Aperfeiçoamento de Pessoal de Nível Superior (CAPES), ao qual o autor é profundamente grato.

Diálogo, dialogia e ensino dialógico são os temas do primeiro capítulo, que tem uma abordagem mais teórica, discutindo possíveis definições para esses termos e aprofundando nas teorias de Vygotsky e Bakhtin. O argumento é que diálogo deve ser entendido como a interação de diferentes perspectivas. Outras proposições teóricas para o diálogo de sala de aula, e como elas podem emergir na interação entre professores e alunos em uma escola da educação básica, são encontradas também no quarto capítulo do livro.

O segundo capítulo apresenta dados empíricos de diversas pesquisas ao redor do mundo que mostram como o diálogo de sala de aula é centrado e o conhecimento controlado pelo professor. O texto traz resultados de pesquisas que apontam a relação positiva entre determinados tipos de diálogo e aprendizado. No final do capítulo apresento um modelo, elaborado conjuntamente com uma colega, que descreve a complexidade envolvida em uma abordagem de ensino–aprendizagem dialógica.

Os capítulos três e quatro são os mais práticos e instrumentais, pois neles são apresentadas duas propostas didáticas para desenvolver o diálogo de sala de aula: o programa "Thinking together", para desenvolver o trabalho em grupo, e o programa "Accontable talk"[2], para as aulas que são mais centradas no professor. Trago também alguns tipos de diálogo de sala de aula e discuto quais seriam mais produtivos para o aprendizado. Ambas as abordagens foram elementos presentes em minha pesquisa e trabalhadas com professores da educação básica. Nesses capítulos não há foco específico em uma disciplina, mas uma discussão e ilustração das diversas perspectivas e "realizações" do diálogo em sala de aula e do uso de estratégias discursivas para a sua promoção. Ao todo, o livro traz dezoito transcrições de sala de aula, em aulas de Língua Portuguesa, Ciências e Matemática.

O capítulo cinco é dedicado especificamente ao ensino de ciências; ele identifica as diversas formas nas quais os alunos enunciam explicações

---

2 Diversos termos em inglês foram traduzidos de forma livre para o português, buscando uma melhor descrição e entendimento do conceito, além de conferir unidade ao livro. Por exemplo, para *talk*, que tem como melhor tradução as palavras 'fala' ou 'conversa', ora foi traduzido como diálogo, ora como discurso. Outro exemplo a ser citado foi a tradução de *cumulative talk* e *exploratory talk* nos tipos de diálogo, que traduzi, respectivamente, como diálogo cooperativo e diálogo colaborativo. Penso que esses termos comunicam melhor o entendimento desses tipos de diálogo que as traduções literais, cumulativo e exploratório.

científicas e como professores e alunos as constroem colaborativamente. O último capítulo se configura como um ensaio que visa ampliar o tema do diálogo para além da sala de aula, mirando a cultura escolar, as necessidades da cultura dialógica e a não disposição da cultura brasileira.

Por fim, tornando este livro também um espaço de diálogo, tenho a alegria de ter um texto produzido por amigos e pesquisadores que foram importantes em minha trajetória pessoal e acadêmica. Os professores Cristiano Mattos e Juliano Camillo aceitaram o pedido de escrever sobre a relação entre diálogo e educação. O texto, que compõe o prefácio, traz uma perspectiva mais ampla e filosófica da abordagem tomada ao longo do livro. Muito obrigado por esse (e outros) diálogo; compartilhando conhecimento, ideias e visões de mundo. Aproveito também para agradecer à amiga e educadora María del Carmen, pelo incentivo e entusiasmo na produção desta obra e pelo generoso texto de divulgação escrito para a quarta capa.

No mais, convido o leitor receptivo e de mente aberta a *explorar* e *dialogar* comigo sobre as diferentes perspectivas teóricas e práticas do ensino dialógico e as muitas ramificações que podem surgir em sala de aula.

Desejo a todos uma boa leitura!

# Prefácio

*"Eu sou a voz da voz do outro*
*Que há dentro de mim*
*Guardada, falante, querendo arrasar."*
Barão Vermelho

Em meio ao caos da vida cotidiana, recebemos um pedido afetuoso; um daqueles impossíveis de recusar e que aceitamos como um abraço fraterno. Leo havia escrito um livro e gostaria que escrevêssemos um texto para o prefácio e/ou posfácio. Quase tão difícil quanto negar o convite é decidir "em diálogo" o que fazer diante de tal pedido: um texto para cada um? Textos que dialoguem entre si? Que conteúdo abordar?

É importante dizer que o desafio não se limita à superfície simplista do binômio forma/conteúdo. Como todo texto, este que aqui se materializa faz parte de outros; o diálogo que aqui se apresenta é parte de muitos outros: desde aqueles mais longínquos no espaço e no tempo – dos quais não participamos diretamente, mas que permitiram que hoje dialoguemos – até aqueles nos quais estamos imersos e nos quais deliberadamente escolhemos estar. Textos e diálogos não acontecem ao acaso; nós os fazemos acontecer e, precisamente por isso, eles estão repletos de nossas vidas e, ao mesmo tempo, as transformam. O conteúdo, então, não é algo inanimado, externo a nós, que reside numa espécie de dicionário a ser consultado para nos dizer o que uma coisa ou outra significa...

O conteúdo, por sua vez, é fundamentalmente o conteúdo de nós mesmos, o que significamos e o que fazemos com o que nos acontece e com o que fazemos acontecer neste mundo, em meio a outras coisas: pesquisas, viagens, cursos, almoços, partilhas de anseios e angústias, a própria vida que compartilhamos nos últimos tempos.

## Um texto, muitas vozes

A escolha feita aqui – o leitor já deve ter percebido – foi a de um texto único, que deixa para trás a pretensa possibilidade de demarcação entre nossas vozes: "quem disse o que" cede espaço à beleza da síntese, que supera negando, incorporando, avançando e escancarando a incompletude daquilo que ainda poderá ser dito e, talvez, daquilo que não será – a incompletude que nos faz mover... A incompletude que nos leva a buscar na voz do outro aquilo que nós mesmos podemos ou queremos dizer, em torno do livro do Leo...

Embora sejamos sempre, inevitavelmente, constituídos dialogicamente, o diálogo nem sempre se apresenta para nós como algo a ser pensado e tomado como objeto de reflexão: dialogamos, mas nem sempre dialogamos sobre o diálogo, exercício fundamental para que o diálogo passe de instrumento para objeto e se configure como novo instrumento complexificado!

## O dialogar sobre o diálogo adentra a sala de aula

Esse ato de dialogar, nem sempre conscientizado, toma lugar na proposta do Leo: refletir sobre o diálogo e agir dialogicamente nos permitiria extrair frutos importantes, especialmente nas salas de aula, espaço cultural e historicamente construído, onde a variedade nem sempre se manifesta em um dialogismo harmonioso; afinal, em grande medida, ele é tradicionalmente pouco fomentado.

Não se trataria, então, na perspectiva do livro que Leo nos apresenta, de considerar exclusivamente algumas concepções sobre o diálogo – ainda que isso seja indispensável e feito com base nos resultados de pesquisas avançadas, expressão da maturidade intelectual/acadêmica alcançada por Leo –, mas sim de tomar o diálogo como atividade, como prática social, que pode ser aprendida, ensinada, transformada e tornada "para nós", professores, um meio de atuação consciente, de potencialidade e intencionalidade educativas: se nos constituímos por meio do diálogo, parece-nos razoável que nos apropriemos conscientemente (e praticamente) dos meios pelos quais nos constituímos nas relações, como professores e alunos, produzindo um novo cronotopo da sala de aula, um novo espaço e tempo do e para o diálogo.

Diante disso, ainda que estejamos, com as palavras recém-enunciadas, no amplo campo da reflexão filosófica, Leo nos coloca os pés no chão da prática cotidiana. Ele nos convida, partindo das nossas palavras e ações, nos ajudando a ensaiar práticas dialógicas que podem ser efetivamente implementadas em nossas salas de aula. O diálogo se torna crucial: permite que os alunos expressem suas ideias e perspectivas, e enriquece o aprendizado. A dialogia, associada ao reconhecimento do "outro" na formação da consciência humana, nos mostra que ninguém pensa, age ou fala sozinho. A consciência não se estabelece em contato direto com as coisas existentes, mas sempre mediada pelo outro nas situações materiais circundantes. Assim, a dinâmica do ensino não poderia ser pensada senão como mais colaborativa, interativa e transformativa.

Se, nessa "virada dialógica" no campo da educação, surge a questão de se o diálogo é ontológico ou instrumental, parece-nos legítimo, entretanto, reivindicar que, no fim das contas, o diálogo é sempre ontológico e instrumental. Primeiro, porque as coisas humanas – o ensino inclusive – estão fundamental e ontologicamente assentadas no diálogo: "a voz do outro que há dentro de mim". Contudo, essa voz não é passiva; ela age com intencionalidade, dentro de um projeto sobre o outro, com o outro, para o outro, inevitavelmente. Se não resta dúvida de que sempre nos instrumentalizamos com o diálogo, o desafio que nos é posto não é se podemos "usar o diálogo", mas o que de melhor podemos fazer com ele para nos transformar… Leo tem uma das respostas: fazer do ensino algo melhor!

Assim, a tarefa posta ao "ensino dialógico" é a de produzir tempos, espaços e causalidades alternativos àqueles evocados por certas práticas educacionais, a fim de criar a disposição de considerar o outro, ouvir e compreender o outro, fazer-se pacientemente com o outro, na experiência da alteridade, como forma de coconstrução do conhecimento e produção da consciência crítica, complexa e amorosa.

Desejamos ao leitor o prazer do encontro com Leo, um encontro que permite aprender e se transformar com a passagem do diálogo como objeto, para o diálogo como instrumento, até o diálogo como forma de ser no mundo com o mundo!

*Cristiano Mattos*[3] *e Juliano Camillo*[4].
São Paulo; Campinas, 8 de agosto de 2024.

---

[3] **Cristiano Mattos.** Livre-docente pelo Instituto de Física da Universidade de São Paulo (USP). Professor do Departamento de Física Aplicada do Instituto de Física da Universidade de São Paulo (USP) e do Programa de Pós-Graduação Interunidades em Ensino de Ciências da Universidade de São Paulo (USP).

[4] **Juliano Camillo.** Professor do Departamento de Ensino e Práticas Culturais da Faculdade de Educação da Universidade Estadual de Campinas (Unicamp) e do Programa de Pós-Graduação Multiunidades em Ensino de Ciências e Matemática da Universidade Estadual de Campinas (Unicamp). Atua também no Programa de Pós-Graduação em Educação Científica e Tecnológica da Universidade Federal de Santa Catarina (UFSC).

# INTRODUÇÃO

Milhares de palavras são enunciadas todos os dias em todas as salas de aula. As escolas são lugares onde as pessoas – professores e alunos – interagem umas com as outras, principalmente por meio da linguagem, e, particularmente, por meio da fala e do diálogo.

Se espiarmos uma sala de aula, provavelmente notaremos que quase sempre haverá um adulto que domina a cena; é ele quem mais fala. O professor é o centro da atenção; é ele quem elabora as questões, quem escolhe quem irá respondê-las e quem decide se a resposta é correta. E na urgência em obter as respostas certas, como se os alunos já as soubessem previamente, o professor dispensa algumas sugestões que poderiam auxiliar na construção do conhecimento dos alunos.

Essa educação bancária, em que o aluno é visto como um banco no qual o professor faz depósitos de conhecimento, e monológica, na qual se privilegia somente uma voz e um sentido de maneira autoritária – em geral, a voz e o sentido do professor, amparado pelo saber da disciplina escolar –, foi denunciada por Paulo Freire há mais de cinquenta anos, e talvez pouco tenha sido alterado desde então. Esse modelo apresenta a seguinte contradição: professores recitam e articulam diversas sentenças durante uma aula e os alunos contribuem com não mais do que uma ou poucas palavras; no entanto, são estes últimos os que deveriam desenvolver seus pensamentos e linguagem. Mas precisa ser de fato assim? Seria possível desenvolver um espaço mais interativo e dialógico em uma sala de aula?

O livro traz o diálogo de sala de aula para o centro da discussão do processo de ensino–aprendizagem por entender que existe uma necessidade de que os professores compreendam que a forma com que interagem com seus alunos influencia sua aprendizagem. Por isso, além de uma parte mais teórica, este livro ilustra e discute os meios pelos quais professores e alunos podem fazer melhor uso do diálogo e assim transformar o ambiente da sala de aula, os sujeitos, a apropriação do conhecimento e as relações interpessoais.

O ensino dialógico, entendido como uma abordagem educacional que enfatiza o diálogo como o principal meio de interação entre professores e alunos, tem por premissa subjacente a construção coletiva do conhecimento mediante a troca de ideias, perguntas e respostas, em vez da mera transmissão unilateral do professor para o aluno. No ensino dialógico, os participantes têm a oportunidade de expressar suas ideias e contribuições, e as discussões são conduzidas de maneira crítica e construtiva. Além disso, a aprendizagem é vista como uma atividade colaborativa, na qual os alunos trabalham juntos na investigação de problemas, na exploração de novos conhecimentos e na construção do entendimento de forma coletiva. Esses são os principais temas abordados neste livro.

Capítulo I

# Sobre diálogo, dialogia e ensino dialógico

## Linguagem e diálogo no desenvolvimento humano e na aprendizagem escolar

A linguagem tem um papel essencial na existência e no desenvolvimento humanos. Ela é não apenas um meio para comunicação, mas a base fundamental para nos orientarmos no mundo e para nossa autocriação pelo trabalho. A linguagem pode ser vista como um sistema de signos que possibilita os fenômenos culturais ao fornecer recursos para a realização de atividades, emergir e expressar os pensamentos e representar o mundo (Linell, 2001). De fato, a linguagem se faz presente em qualquer situação em curso, construindo e constituindo a forma como concebemos o mundo e agimos dentro dele (Roth, 2005). Quando nós, humanos, interagimos com o mundo, estamos sempre interagindo por meio da linguagem, esse artefato cultural do qual constantemente nos apropriamos e com o qual produzimos significado. Assim, de certa maneira, sempre estamos em diálogo com o mundo.

A tradição filosófica em torno do termo 'diálogo' é muito mais antiga, sendo rastreada até Sócrates e desenvolvida posteriormente por proponentes como Kierkegaard, Buber, Levinas e Bakhtin, conhecidos como 'filósofos do diálogo' (Kazepides, 2012; Linell, 2004; Schwarz; Baker, 2016).

Etimologicamente, diálogo vem de uma palavra grega cujas raízes são *dia* – que significa 'através de' ou 'por meio de' – e *logos* – referindo-se à 'lógica' ou à 'razão' (Wegerif, 2010). Assim, ser dialógico significa raciocinar por meio de diferentes lógicas, razões ou perspectivas. Outros usam *logos* como 'palavra' ou, mais especificamente, 'significado', caso em que diálogo passa a ter o sentido de atravessar diferentes significados (Bohm *et al.*, 1991).

Embora estudiosos empreguem o termo '**dialogismo**' de muitas maneiras, ele é geralmente associado ao reconhecimento do 'outro' na formação da consciência humana; ninguém pensa, age ou fala sozinho. "A consciência humana não entra em contato com a existência diretamente, mas por meio do mundo ideológico circundante" (Medvedev; Bakhtin, 1978, p. 14). Ou seja, consciência e entendimentos do mundo são construções de significados desenvolvidos pela interação de vozes baseadas nas diferenças irredutíveis entre as perspectivas dos indivíduos (Matusov, 2011; Wegerif, 2007). Por isso se diz que o 'dialogismo', como corrente filosófica, une três dimensões humanas – linguagem, comunicação e cognição (Linell, 2001) –, com implicações em vários campos do saber, como filosofia, teoria literária, linguística e psicologia. Contudo, esses diversos campos tendem a concordar em tratar o diálogo não como uma forma de comunicação, mas como engajamento relacional entre os participantes em atividade (Burbules, 1993).

Essa perspectiva produziu uma grande mudança no campo educacional, que já foi chamada de 'virada dialógica', enfatizando a voz, a agência e a participação dos alunos na coconstrução do conhecimento (Wilkinson; Son, 2011). Aqui, os estudiosos vão além das concepções internalistas e simbólicas de representações mentais dos sujeitos, e passam a lidar com a intersubjetividade e a comunicação como fatores relevantes para a aprendizagem (Racionero; Padrós, 2010). A implicação de tal abordagem no processo educacional foi formulada de modo bastante eloquente por Neil Mercer (2004):

> A natureza da atividade humana é que o conhecimento é compartilhado e as pessoas constroem conjuntamente entendimentos de experiências compartilhadas. Os eventos comunicativos são moldados por fatores culturais e históricos e o pensamento, a aprendizagem e o desenvolvimento não podem ser compreendidos sem se levar em conta a natureza intrinsecamente social e comunicativa da vida humana (Mercer, 2004, p. 138-139).

## O diálogo no ensino–aprendizagem: uma primeira aproximação

Muitas pesquisas têm se concentrado no papel da linguagem e do diálogo no processo de construção do conhecimento em sala de aula. Nas últimas quatro décadas, esse campo de investigação floresceu sob termos abrangentes como 'diálogo em sala de aula' ou '**ensino dialógico**', identificando modos de utilizar as interações discursivas no contexto de ensino––aprendizagem (Mercer; Dawes, 2014). Talvez a principal conclusão desses estudos tenha sido o reconhecimento de que as formas de interação em sala de aula têm implicações profundas na aprendizagem (Howe; Mercer, 2007; Kelly, 2014; Lemke, 2001). Em outras palavras, "a qualidade da aprendizagem dos alunos está intimamente ligada à qualidade do discurso na sala de aula" (Nystrand, 1997, p. 29). Aqui, assume-se que qualquer ato educativo envolve um esforço coletivo por meio da interação discursiva – diálogo –, que resulta no desenvolvimento de um conhecimento ou compreensão que sejam compartilhados (Edwards; Mercer, 2012).

A relevância do diálogo na aprendizagem baseia-se na visão de que o processo de construção de significado, intimamente relacionado com a construção de entendimentos compartilhados, é inerentemente dialógico (Maine, 2015). Isso implica considerar a 'construção de significado' como o processo pelo qual os seres humanos dão sentido ao mundo, e a 'dialogia' como o plano social no desenvolvimento humano. A suposição subjacente é que conceitos e palavras não existem no vácuo e não significam nada *em si*, pois ganham existência somente em processos sociais dependentes da prática (Saljo, 1998). Wells (1999, p. 108) descreve o mecanismo dialógico que desencadeia a aprendizagem da seguinte forma: "ao contribuir para a construção conjunta de significado com e para os outros, um sujeito também cria significado para si mesmo e, no processo, amplia sua própria compreensão".

Essa perspectiva dialógica resultou em muitas propostas educacionais que defendem que mudar as práticas de ensino implica mudar os tipos de interações discursivas em que essa prática é realizada. Paulo Freire (2016) e Douglas Barnes (1976) foram possivelmente os primeiros a dizer explicitamente que educação é diálogo – o brasileiro, ao considerar os elementos constitutivos do diálogo (amor, fé, confiança, humildade, esperança e criticidade) para uma educação libertadora mediatizada pelo mundo; o inglês, ao ver mais pragmaticamente a educação como uma forma de comunicação.

Courtney Cazden (1988) convida seus leitores a imaginar uma sala de aula dialógica, que transcendesse o roteiro da transmissão e repetição da educação tradicional para um diálogo autêntico com toda a sala de aula.

> É fácil imaginar um diálogo em que as ideias sejam exploradas em vez de respostas às perguntas dos testes dos professores fornecidas e avaliadas; em que os professores falem menos [...] e os alunos falem correspondentemente mais; em que os próprios alunos decidam quando falarem, em vez de esperar serem chamados pelo professor; e em que os alunos se dirijam [uns aos outros] diretamente. Fácil de imaginar, mas não fácil de fazer (Cazden, 1988, p. 54).

Assim como Cazden destaca ao final da citação supracitada, verifica-se que a mudança para uma dinâmica de aula mais dialógica traz questões complexas e dificuldades. Existem ao menos três obstáculos institucionais para a continuidade de uma abordagem não dialógica: a pressão de avaliações externas, turmas com número excessivo de alunos e currículos lotados (Burbules, 1993; Skidmore, 2006).

Além disso, na dimensão do sujeito professor, o desenvolvimento de uma dinâmica dialógica envolve pré-requisitos como habilidades, disposições, crenças, atitudes e compromissos que precisam ser consideradas conscientemente durante o planejamento e a condução das aulas e sobre os quais é preciso refletir (Kazepides, 2012). Por exemplo, ensinar para o diálogo impõe desafios pedagógicos ao exigir que os professores se preocupem com as contribuições de todos os alunos e atuem de forma equilibrada, o que tensiona a autonomia e o controle da elaboração do conhecimento (O'Connor *et al.*, 2017; Schwarz; Baker, 2016). Este livro espera contribuir para o desenvolvimento da prática docente, principalmente nessa última dimensão, ao trazer, ideias, exemplos e estratégias para a sala de aula.

## Duas abordagens teóricas sobre o diálogo

Esta seção apresenta as duas principais perspectivas utilizadas para discutir o papel do diálogo no desenvolvimento humano e na aprendizagem, com base nos escritos de Vygotsky e Bakhtin. A linha de apresentação exposta a seguir considera os mecanismos psicológicos e, em certa medida, as instâncias filosóficas que podem explicar a inter-relação entre diálogo, desenvolvimento e aprendizagem, que serve de pano de fundo para o restante do livro.

Existem duas grandes distinções sobre o papel do diálogo na educação: uma que coloca o diálogo como *um meio* para a construção do conhecimento, e outra que vê o diálogo como *um fim em si mesmo* (Matusov, 2009). A primeira abordagem é chamada de '**instrumental**' porque considera o diálogo um método pedagógico para tornar a aprendizagem eficaz, ou seja, aprende-se a dialogar para aprender melhor algum conteúdo ou habilidade. Assim, o diálogo é dito academicamente produtivo quando gera ganhos de aprendizagem.

A segunda é chamada '**ontológica**', pois considera a natureza das relações na sala de aula entre os participantes. Neste último caso, o diálogo é aberto e não tem um desfecho claro; o diálogo é a própria educação. A pedagogia dialógica de Freire seria enquadrada nessa abordagem, pois o diálogo está no cerne do processo educativo, em um contexto de reflexão crítica coletiva voltada para a transformação da realidade social. Eugene Matusov (Asterhan *et al.*, 2020) faz a seguinte distinção entre as duas abordagens:

> O diálogo instrumental é o diálogo que visa aumentar as pontuações dos testes, aumentar a argumentação, aumentar o pensamento crítico, você pode colocar qualquer outra coisa nesta lista de objetivos educacionais. Gosto da ideia de Bakhtin de que a construção do significado é dialógica, é a relação entre uma pergunta, feita por uma pessoa com interesse, urgência, curiosidade e/ou perplexidade, e uma resposta que é fornecida de forma séria. O que significa que a educação começa com as perguntas dos alunos, que nem sempre são bem definidas ou articuladas. O diálogo começa com a tensão de um aluno ou uma perplexidade vagamente articulada [...] o diálogo, na minha leitura, é improdutivo (Asterhan *et al.*, 2020, p. S5).

## Abordagem instrumental: o legado de Vygotsky

O psicólogo mais proeminente que desenvolveu ideias para a educação considerando o papel da linguagem e da interação verbal foi, sem dúvida, Vygotsky. A seguir, seu trabalho é abordado por meio de dois conceitos principais: mediação sígnica e zona de desenvolvimento proximal.

A relação interdependente entre pensamento e linguagem surge pela mediação sígnica. Para Vygotsky, as funções mentais superiores – incluindo o pensamento conceitual – resultam da apropriação de operações de signos como ferramentas psicológicas. Os sistemas de signos medeiam os processos sociais, desempenhando um papel crucial na consciência e na atividade dos indivíduos. Como esses signos são dotados de significados culturais e compartilhados socialmente, eles abrem um canal entre os indivíduos e a sociedade (Engeström, 1999). Tal como escreve Miller (2011, p. 208): "Como as palavras e outros sistemas simbólicos que constituem ferramentas psicológicas são produtos sociais e culturais, o controle e o domínio das funções psicológicas superiores não são atributos da biologia da espécie, mas do desenvolvimento histórico da cultura".

Na descrição de Vygotsky, a linguagem é considerada o sistema primário de signos culturais, dominado pelos indivíduos por meio da participação na interação social. Como sistema que produz significados e coordena ações, a linguagem tem duas funções integradas: é uma ferramenta cultural para a comunicação e uma ferramenta psicológica para o pensamento, pois o discurso interior permite-nos planejar e regular nosso próprio comportamento (Mercer, 2000; Wertsch; Tulviste, 1998). O próprio Vygotsky chamou a isso de 'lei da sociogênese das formas superiores de comportamento' e concluiu que a relação interdependente entre pensamento e linguagem não é acidental. Tal interdependência é explicada pelo desenvolvimento cultural de comportamentos ligados ao desenvolvimento histórico ou social da humanidade.

> [ ... ] a fala, sendo inicialmente o meio de comunicação, o meio de associação, o meio de organização do comportamento grupal, mais tarde torna-se o meio básico de pensamento e de todas as funções mentais superiores, o meio básico de formação da personalidade. A unidade da fala como meio de comportamento social e como meio de pensamento individual não pode ser acidental (Vygostsky, 1998, p. 169).

# DIÁLOGO DE SALA DE AULA

Nesse sentido, destaca-se o papel da mediação na formação de conceitos, que é o arroz-com-feijão da aprendizagem escolar. A gênese de um conceito é um processo duplo acoplado e simultâneo entre os atos mentais e discursivos: "O conceito não é possível sem a palavra. Pensar em conceitos não é possível na ausência de pensamento verbal" (Vygotsky, 1987, p. 131). Na verdade, ao enfatizar o papel essencial das interações discursivas na natureza humana, a teoria sociocultural tornou-se um quadro teórico rico na pesquisa educacional, uma vez que fornece conceitos que permitem analisar o impacto do diálogo no desenvolvimento do pensamento individual e na coconstrução do conhecimento.

A zona de desenvolvimento proximal (ZDP) é outra raiz teórica da teoria de Vygotsky que orienta o ensino no sentido de promover interações produtivas entre professor e aluno. A ZDP é "[...] a diferença entre o nível real de desenvolvimento da criança e o nível de desempenho que ela atinge em colaboração com o adulto" (Vygotsky, 1987, p. 209). Essa conceituação foi descrita pela metáfora do 'andaime', que é muito útil para enquadrar e analisar as interações entre um novato e um especialista. No entanto, o próprio Vygotsky usou a noção de ZDP para discutir o ensino nas escolas:

> Na escola, a criança recebe instrução não sobre o que pode fazer de forma independente, mas sobre o que ainda não pode fazer. Ele recebe instrução sobre o que lhe é acessível em colaboração ou sob a orientação de um professor. Esta é uma característica fundamental da instrução. Portanto, a zona de desenvolvimento proximal – que determina o domínio de transições acessíveis à criança – é uma característica definidora da relação entre instrução e desenvolvimento (Vygotsky, 1998, p. 211).

Esta noção produziu o entendimento de que a instrução, como evento social e situado, deve avançar à frente do desenvolvimento. Entende-se essa perspectiva como instrumental, pois tem nas interações discursivas um instrumento que pode ser empregado e controlado conscientemente para o desenvolvimento da aprendizagem, seja ela conceitual, procedimental ou atitudinal. Ou seja, existe de fato uma concepção mais estreita voltada para uma forma específica de diálogo e formação de conceitos: "a construção colaborativa de significado caracterizada pelo controle compartilhado sobre os aspectos-chave do discurso em sala de aula" (Reznitskaya; Gregory, 2013, p. 114). Em certa medida, as proposições de Vygotsky relativas ao papel das interações sociais são aplicáveis à escolarização tradicional-formal para melhorar a aprendizagem.

## Abordagem ontológica: o legado de Bakhtin

Como exemplo de abordagem ontológica do diálogo, tratamos agora de uma visão baseada no processo relacional da construção de significado decorrente da teoria da linguagem de Bakhtin, outro pensador russo tido como filósofo, crítico literário e linguista (Matusov, 2004). Nos últimos 20 anos, suas ideias tornaram-se atraentes para pesquisadores educacionais, sendo 'diálogo' a mais popular e compreendendo outros ricos conceitos como voz, polifonia, gênero do discurso, endereçamento (*addressivity*) e ideologia (Matusov, 2004).

Segundo Bakhtin, o processo de construção de significado é sempre criativo e dialógico, um inédito que ocorre entre, pelo menos, duas consciências que são naturalmente diferentes entre si (Matusov, 2009; Wegerif, 2007). É justamente a 'diferença' que permite a troca ininterrupta de enunciados e o fluxo de significados, ou seja, é a "interação responsiva entre os falantes, entre o eu e o outro, que constitui a capacidade da linguagem de produzir novos significados" (Morris, 1994, p. 5). A tensão decorrente em manter mais de uma perspectiva em interação – sem síntese ou resolução – abre um potencial ilimitado para os atos de significação. Segue, então, que tanto significado quanto significação (entendimento) são inerentemente dialógicos; "o significado é realizado apenas no processo de compreensão ativa e responsiva" (Voloshinov, 1973, p. 102).

Para Bakhtin, o diálogo tem um sabor de investigação coletiva em que as respostas dão origem a outras questões, formando assim uma série interminável de enunciados:

> Cada enunciado está repleto de ecos e reverberações de outros enunciados com os quais está relacionado pela comunidade da esfera da comunicação verbal. Cada enunciado deve ser considerado principalmente como uma resposta a enunciados anterio-

res [...]. Cada enunciado refuta, afirma, complementa e se baseia nos outros, pressupõe que sejam conhecidos e de alguma forma os leva em consideração (Bakhtin,1986, p. 91).

Nessa perspectiva, o diálogo é visto de duas formas: a primeira ligada mais diretamente às trocas verbais entre pessoas, e a segunda como o processo relacional por meio do qual alguém interage com a realidade social enquanto lhe dá significado. Essa perspectiva considera, por exemplo, a leitura de um livro como um diálogo entre o leitor e as vozes culturais incorporadas no texto.

Holquist (1990) cunhou a metáfora do diálogo como 'existência', ressaltando a posição que considera consciência humana possível apenas como uma resposta ativa a uma expressão precedente de outros. "Tenho consciência de mim mesmo e só me torno eu mesmo enquanto me revelo para outro, através de outro e com a ajuda de outro" (Bakhtin, 1984, p. 287).

Matusov (2009) classifica essa abordagem como ontológica, pois enquadra o diálogo como "o" próprio discurso da educação e defende que uma pedagogia dialógica ontológica deveria ser baseada no debate das diversas ideias apresentadas pelas diferentes vozes dentro da comunidade escolar e no envolvimento genuíno uns com os outros. Esse tipo de compreensão tem sido frequentemente utilizado para criticar a escolarização tradicional, que supostamente impõe um projeto antidialógico sobre um fenômeno essencialmente dialógico como a educação humana (Burbules, 1993; Freire, 2005; Matusov, 2009). Assim, nessa visão, o objetivo de um educador deveria ser a implementação de um projeto pró-dialógico para a educação, assumindo que "todas as práticas, discursos e relações são inerentemente dialógicas" (Matusov, 2009, p. 5). Como essa abordagem contraria as normas e a cultura comumente aceitas no sistema escolar, Schwarz e Baker (2016) chamaram-na de radical. De fato, a realização de uma pedagogia dialógica genuinamente ontológica deve desafiar todo o sistema educativo e exigir novas formas de relacionamento entre os participantes, bem como da sociedade.

## Algumas definições e comentários

A compreensão mais direta que pode se ter para a expressão 'diálogo em sala de aula' talvez seja as trocas verbais em que um indivíduo se dirige a outros e que ao menos um deles responde à interação inicial. Essa definição ampla abrange quase todos os tipos de interação oral-verbal entre indivíduos. No entanto, para muitos estudiosos, o 'diálogo' admitiria características particulares às quais tal descrição ampla não faz jus, exigindo, portanto, a adição de adjetivos como 'genuíno' ou 'autêntico' para qualificar o diálogo (Wegerif, 2013).

Alexander (2008) fornece definições mais detalhadas para outras formas de interação – conversação, discussão e diálogo. Para ele, uma conversa é uma série de trocas sem um ponto final claro; a discussão é a troca de ideias para compartilhar informações e resolver problemas, e o diálogo envolve trocas intencionais que buscam o entendimento comum. Outros pesquisadores também construíram definições empregando os termos 'argumentação' e 'discurso'; por exemplo, a argumentação colaborativa é um tipo de interação em que os alunos exploram posições para construir e criticar argumentos, enquanto o discurso é usado para explicitar atos específicos de fala, como a explicação (Nussbaum, 2008).

Neste livro, usamos os termos 'diálogo' e 'discussão' indistintamente quando os participantes conversam sobre o conteúdo disciplinar em estudo ou resolvem problemas propostos pela atividade. Contudo, há quem faça distinção entre os dois atos discursivos, alegando que a etimologia da palavra 'discutir' significa separar, afastar, agitar, ao passo que 'dialogar' teria o sentido contrário.

Também empregamos 'interações discursivas' para designar as trocas verbais entre os sujeitos, e 'movimentos discursivos' ou 'movimentos dialógicos' para indicar interações específicas que são empregados com finalidade ou efeito específicos. O uso do termo 'movimento' se apoia na aproximação que Wittgenstein faz da linguagem com o jogo de xadrez, em que as palavras pronunciadas pelos sujeitos seriam análogas às peças do tabuleiro. O diálogo seria um jogo alternado, em que cada movimento tem uma função e está condicionado a regras.

# DIÁLOGO DE SALA DE AULA

No que diz respeito ao ensino dialógico ser um princípio geral ou instrumento, defendo que ambas as visões podem ser aplicadas à educação, sendo a primeira mais associada a um projeto coletivo da escola, e a segunda ligada à prática docente. Dadas as circunstâncias de estudo e pesquisa que resultaram na redação desse livro, o conteúdo abordado nos próximos capítulos é mais atrelado ao desenvolvimento de uma abordagem instrumental do diálogo em sala de aula, para que professores possam trabalhar suas práticas para criar espaço para o diálogo e a aprendizagem de seus alunos.

Capítulo 2

# O ENSINO DIALÓGICO: DADOS E PERSPECTIVAS NA SALA DE AULA

## Diálogo de sala de aula: tradição de pesquisa

A investigação sobre o diálogo de sala de aula remonta à década de 1970, quando foram publicados trabalhos abrangentes no Reino Unido e nos Estados Unidos que incluíam diversos campos de pesquisa, como a linguística, a sociologia, a psicologia e a própria educação. O primeiro estudo observacional em grande escala foi conduzido por Flanders (1970), que criou a 'regra dos dois terços'; segundo ele, em uma aula regular, dois terços do tempo são preenchidos com interação verbal, dois terços dessa interação são falas do professor, e dois terços dessa fala do professor são de transmissão de conteúdo. O resultado mostrou a prevalência da fala do professor e o controle que ele exerce sobre o discurso e o conhecimento veiculado em sala (Barnes, 1976).

Outro resultado interessante sobre a dinâmica de sala de aula diz respeito à sequência triádica do discurso: iniciação, resposta e *feedback* ou avaliação (IRF ou IRA – Mehan, 1979; Sinclair; Coulthard, 1975). Quando a iniciação é uma pergunta fechada, a resposta uma breve e curta contribuição e o *feedback* uma avaliação rigorosa, temos um discurso monológico, cujo controle encontra-se centrado no professor [I: "Qual é a capital do

Brasil?"; R: "Rio de Janeiro"; F: "Errado. É Brasília."]. Nessa interação, o conhecimento é concebido como uma coleção de fatos isolados, e ensinar significa transmitir informações à mente dos alunos (Lyle, 2008). No geral, a atenção do professor a cada aluno é factual ou gerencial, e o discurso é empregado para monitorar e orientar de perto sua compreensão. Esse padrão é possivelmente a característica mais comum do diálogo de sala de aula e pode ser responsável por até 70% de todas as interações professor–aluno (Nassaji; Wells, 2000; Wells, 1993).

Posteriormente, revelou-se esse cenário discursivo em muitos detalhes. Cerca de 50%-60% de todas as perguntas feitas pelos professores são questões fechadas ou factuais que convidam a respostas curtas e predefinidas, e apenas cerca de 10%-25% são perguntas abertas ou especulativas que convidam a opiniões, hipóteses ou articulação de compreensões (Myhill, 2006; Nystrand, 1997). Claramente, isso tem implicações no ato discursivo seguinte: as respostas dos alunos. Por exemplo, 70% das respostas dos alunos não ultrapassam três palavras, e pouco menos de 5% excedem dez palavras (Hargreaves *et al.*, 2003; Smith *et al.*, 2004). Já em relação ao tipo de *feedback*, o mais frequente (80%) diz respeito à correção das respostas, em que os professores diferenciam as erradas das corretas e fecham a discussão (Pehmer *et al.*, 2015). Ainda, metade dos alunos raramente fala, e apenas alguns deles acabam por efetivamente dominar a participação (Clarke *et al.*, 2016).

Um exemplo de interação[5] de sala de aula mais longa pode ser visto a seguir, em uma aula do ensino primário sobre interpretação de texto. Note que, apesar de relativamente extensa, ainda se trata de uma interação do tipo IRF:

---

5  Apresentamos diversos diálogos de sala na forma de sequências discursivas, numeradas conforme a ordem de fala, em que 'P' significa professor(a), 'A' denota o(a) aluno(a), e 'As' indica quando os alunos respondem em uníssono na sequência. Os turnos de fala (linhas) são numerados (de cinco em cinco) para acompanhar eventual referência no texto em alguma análise ou comentário.

# DIÁLOGO DE SALA DE AULA

**Sequência 2.1.** O padrão IRF em sala de aula (Grugeon *et al.*, 2012)

1  **P:** Agora... Eu quero que vocês pensem sobre a história que estávamos lendo ontem. Alguém se lembra qual era o nome? Alberto, você pode nos falar o título?

   **A1:** O homem de ferro?

   **P:** Isso mesmo! Está certo! Ela se chamava 'O homem de ferro'. Alguém se lembra o que aconteceu com o homem de ferro? De onde ele veio? Para onde ele foi? Sim... Daniela, você pode nos dizer algo?

   **A2:** Caiu de um penhasco.

5  **P:** Está certo, ele caminhou até a beirada de um penhasco e caiu. Muito bem!

Esse exemplo ilustra bem o uso do discurso triádico de forma bastante limitada, com perguntas que requerem respostas predefinidas, respostas curtas e uma avaliação de certo ou errado. Como pode se notar, esse tipo de interação é infrutífero por promover visões mais elaboradas por parte do aluno, que é requisitado a recitar algo que ele já sabe ou deveria saber, ou seja, se lembrar de uma determinada resposta. Esse roteiro de recitação refere-se a uma forma de ensino muito diretiva, na qual a iniciação e a avaliação dos professores visam unicamente conduzir as respostas dos alunos para a resposta correta (Smith *et al.*, 2004). Nas palavras de Nystrand (1997, p. 6), "Quando a recitação começa, lembrar e adivinhar suplantam o pensamento". Como resultado, o clima da sala de aula é fraco em termos de desenvolvimento intelectual, crítica construtiva e desafio de ideias (Weiss *et al.*, 2003).

Embora grande parte dessa pesquisa tenha ocorrido em países anglo-saxões, essa caracterização do diálogo de sala de aula é identificada e reconhecida mundialmente. Alexander (2001) encontrou muitas estruturas semelhantes no diálogo de sala de aula ao comparar Inglaterra, França, Índia, Rússia e Estados Unidos – por exemplo, no uso excessivo de memorização, recitação e instrução (transmissão de informações e/ou explicação de fatos, princípios ou procedimentos). Esses modelos de ensino foram observados em todos os países do estudo, mas eram mais presentes nos Estados Unidos e na Inglaterra. Dois tipos de interações discursivas considerados mais produtivos para a aprendizagem foram menos frequentes: a discussão (troca de ideias com vista à partilha de informações e à resolução de problemas) e o diálogo (construção de um entendimento comum por meio de questionamentos e discussões estruturados e cumulativos), que foram encontrados mais comumente na Rússia e na França.

Estudos retratando esse mesmo cenário surgiram em todos os continentes. Na Europa, nomeadamente na Alemanha e na Itália, os professores também dominam o discurso e preocupam-se em transmitir o conteúdo e controlar a fala dos alunos, ao mesmo tempo que empregam questões fechadas (Molinari; Mameli, 2010; Seidel; Prenzel, 2006). Fazendo a ponte entre a Europa e a Ásia, esse discurso monológico é o padrão de interação que melhor descreve as salas de aula turcas (Aygun, 2019).

Em Singapura, também é o professor quem mais fala e controla os turnos de fala da sala de aula, prática que reduz as oportunidades de aprendizagem dos alunos bem como produz uma cultura transmissiva do conhecimento (Liu, 2008; Teo, 2016). Na China e na Austrália, uso da fala em sala de aula pelos professores é muito maior que o dos alunos. Na China, em aulas de matemática, as respostas em forma de coral dos alunos superam largamente as respostas individuais (Xu; Clarke, 2019).

Na África, pesquisas realizadas em Marrocos, no Quênia, na Nigéria e na Tanzânia relataram que o discurso na sala de aula é centrado no professor, com base em um modelo de ensino de transmissão em que as perguntas dos professores são fechadas e os *feedbacks* são avaliações (Abd-Kadir; Hardman, 2007; Chafi; Arhlam, 2014; Hardman *et al.*, 2015). Finalmente, no Chile, representando a América Latina, as aulas são elaboradas para fornecer conteúdo por meio de exposição e monitoramento; os professores utilizam muitas perguntas fechadas, e as interações não favorecem o diálogo (Albornoz *et al.*, 2021; Muñoz-Hurtado, 2020; Preiss, 2009).

Apesar da ausência de uma caracterização sistemática do diálogo de sala de aula nas escolas brasileiras, pode-se dizer que ela ainda segue o 'modelo bancário de educação' apresentado por Freire (2016). Segundo ele, o movimento discursivo do professor é fazer 'depósitos de conhecimento' na mente dos alunos, que os recebem, memorizam e repetem. Portanto, tal como ocorre ao redor do mundo, poderíamos esperar o predomínio da exposição pelos professores e a escassez de discussões abertas.

Contudo, o discurso triádico IRF não deve ser tomado como inevitavelmente negativo, uma vez que existe uma variação considerável na forma como cada movimento é realizado. Por exemplo, a iniciação pode ser uma pergunta aberta ou uma pergunta que se baseia no pensamento dos alunos ou desenvolve a reflexão, enquanto o *feedback* pode ampliar o pensamento dos alunos ou conectar suas contribuições a anteriores ou a outros contextos. Nesse sentido, o último movimento da tríade é visto mais como um acompanhamento do que como uma avaliação; em vez de encerrar a interação, ele desenvolve a investigação coletiva (Rojas-Drummond; Mercer, 2003). Ao articular essas sequências IRF, por vezes chamadas de 'IRF espiral', os professores podem sustentar discussões complexas e ajudar os alunos a desenvolverem a sua compreensão (Barnes, 2008; Rojas-Drummond *et al.*, 2001).

## Diálogo produtivo para o aprendizado escolar

Se por um lado o diálogo é o meio pelo qual o conhecimento é co-construído e os significados negociados, por outro sabemos que, na maioria das salas de aula, as interações são limitadas. Uma vez que o potencial das interações verbais não é realizado nas salas de aula, muitos pesquisadores identificaram os elementos para tornar o diálogo mais colaborativo e significativo nesse ambiente.

Para conseguir isto, os professores podem ouvir mais as ideias próprias dos alunos, envolver-se com essas ideias, ainda embrionárias, em sequências mais longas e assim ajudá-los a superar mal-entendidos, desenvolver um conceito ou raciocínio (Mercer; Littleton, 2007). Assim, a interação em sala de aula é considerada "mais dialógica quanto mais representar os pontos de vista dos alunos, e a discussão incluir tanto suas ideias quanto as ideias do professor" (Mercer *et al.*, 2009, p. 354).

Christine Howe *et al.* (2019) revisaram muitos trabalhos e sintetizaram as características de uma interação dialógica, ou diálogo produtivo, que promove o aprendizado; são eles:

44 DIÁLOGO DE SALA DE AULA

- perguntas abertas que permitem respostas múltiplas[6];
- contribuições estendidas dos alunos, de forma que elas contenham elaborações mais detalhadas de suas ideias;
- reconhecimento e resolução de diferenças com razões e justificativa;
- coordenação de linhas de investigação de modo que se comparem e contrastem diferentes perspectivas; e
- adoção de uma perspectiva metacognitiva para o diálogo.

Idealmente, o emprego dessas estratégias promove a 'orquestração' de um diálogo de sala de aula que gere oportunidades para os alunos construírem o conhecimento conjuntamente. Por meio de contribuições (respostas) mais longas, os alunos elaboram mais profundamente o significado do conceito em estudo ou uma linha de raciocínio mais adequada à área disciplinar. A **elaboração** ocorre quando os alunos ampliam as suas contribuições ou a de outros, estabelecem novas relações dando exemplos, justificam suas ideias, reformulam o pensamento ou, ainda, se referem às experiências cotidianas.

Para promover a elaboração, o professor tem o recurso de perguntar e desafiar os alunos para explorar o pensamento e a compreensão deles. Assim, **perguntar** é o movimento discursivo mais comum para gerar um diálogo produtivo, sendo que o envolvimento dos alunos no diálogo requer que uma variedade de respostas plurais seja válida. As justificativas ou razões são necessárias para avaliar a validade das diferentes respostas. Por sua vez, **desafiar** é a forma pela qual professores podem encorajar os alunos a elaborarem raciocínio. Assim, em vez de simplesmente avaliar a resposta do aluno como 'boa' ou 'ruim', um professor pode desenvolver a elaboração empregando um desafio em que exista uma devolutiva produtiva da resposta do aluno – "Como você sabe?" ou "Você pode falar mais sobre isso?", ou simplesmente "Por que você pensa isso?".

Em mais detalhes, em um diálogo produtivo, as sequências de perguntas e respostas não devem ser utilizadas apenas para avaliar, mas também para orientar a construção e a partilha de entendimentos (Mercer, 1995). Isto inclui pedir exemplos e verificar a compreensão inicial dos alunos. Além disso, as perguntas do tipo *por quê?* levam os alunos a refletirem sobre a sua compreensão e raciocínio, investigando-as mais profundamente

---

6 Ver *Anexo* para consultar tipologia das perguntas.

# DIÁLOGO DE SALA DE AULA

(Mercer, 2002). Em um conteúdo disciplinar específico, o ensino dialógico envolve a explicitação dos procedimentos de resolução de problemas e do objetivo das atividades em sala de aula (Mercer; Howe, 2012).

## Evidências empíricas sobre o efeito da prática dialógica na aprendizagem

Os pesquisadores encontraram evidências de aprendizagem quando alunos estão sujeitos a interações mais dialógicas na sala de aula. Por exemplo, quando os alunos se engajam em diálogos produtivos, eles obtêm pontuações mais altas nos testes de conhecimento, retêm esses ganhos de aprendizagem por mais tempo, apresentam ganhos em outras disciplinas (transferência), além de desenvolverem habilidades de raciocínio (Resnick *et al.*, 2017).

Dois grandes estudos naturalistas associaram o diálogo de boa qualidade ao desempenho dos alunos. No primeiro, Howe *et al.* (2019) analisaram aulas de 72 professores da educação básica na Inglaterra e correlacionaram as variáveis do diálogo com seis índices de aprendizagem de mais de 1.700 alunos (conteúdo, raciocínio e atitude). Os pesquisadores concluíram que, quando há intensa participação dos alunos na elaboração de suas ideias junto ao emprego do desafio por parte do professor, existe uma relação positiva entre o diálogo e a aprendizagem associada ao domínio do conteúdo e às atitudes positivas. No segundo estudo, Sedova *et al.* (2019) observaram aulas de 32 professores primários na República Tcheca. Analogamente, as variáveis do diálogo correlacionaram-se positivamente com as notas dos testes de leitura e alfabetização de mais de 650 alunos. Nesse caso, a duração da sessão de diálogo e o número de enunciados com justificativas foram associados ao desempenho dos alunos.

Estudos intervencionistas são aqueles que contemplam um programa de formação de professores para o diálogo, isto é, planeja-se uma série de oficinas e sessões formativas para promoção de uma prática docente dialógica. Além disso, se investiga como o desenvolvimento da prática do professor afeta a aprendizagem dos alunos. Esses estudos frequentemente encontram que professores envolvidos nesses programas passaram a utilizar perguntas mais abertas e a fornecer um *feedback* mais construtivo para as respostas dos alunos (Gillies, 2015; Pehmer *et al.*, 2015; Snell; Lefstein,

2011; Wells; Arauz, 2005). Como resultado dessas mudanças nos movimentos discursivos dos professores, as contribuições dos alunos tornaram-se mais longas e mais elaboradas (Hardman, 2019; Pehmer *et al.*, 2015; Sedlacek; Sedova, 2017; Sedova *et al.*, 2014). Nesse contexto, também se verificou maior desempenho acadêmico dos alunos de professores que participaram do programa de formação em relação aos alunos de professores do grupo controle, isto é, que não participaram da formação (Hardman, 2019; Howe *et al.*, 2015; Larrain *et al.*, 2018).

Finalmente, as abordagens dialógicas têm por pressuposto funcionar com base em princípios democráticos e sem envolvimento cívico (Michaels *et al.*, 2008). A experiência de envolvimento em interações discursivas por meio de valores de direitos e responsabilidades pode dar aos alunos um sentimento de pertencimento a uma democracia na qual os participantes pensam respeitosamente juntos (O'Connor; Michaels, 1996; Schwarz; Baker, 2016). Além disso, a relevância das vozes dos alunos promove a inclusão e reduz as disparidades de equidade e de aproveitamento (Alexander, 2013; Segal *et al.*, 2017).

## Um modelo descritivo-analítico para o diálogo de sala de aula

Nessa seção, apresentamos um modelo descritivo-analítico para refletir sobre a prática dialógica em sala de aula (Calcagni; Lago, 2018). Neste arcabouço, identificamos e organizamos os componentes considerados fundamentais pela literatura nas abordagens dialógicas de ensino. A estrutura dos 'três domínios do diálogo' de sala de aula é composta por onze componentes organizados em três domínios que se referem a diferentes níveis estabelecidos quando o ensino dialógico é proposto idealmente e discutido concretamente. Assim, concebemos três domínios gerais: **prática**, **instrumentos** e **pressupostos**, nos quais estão distribuídos onze componentes (Figura 2.1). Importante destacar que não compreendemos os domínios e componentes como isolados e autocontidos. Em vez disso, eles são interdependentes e se influenciam mutuamente.

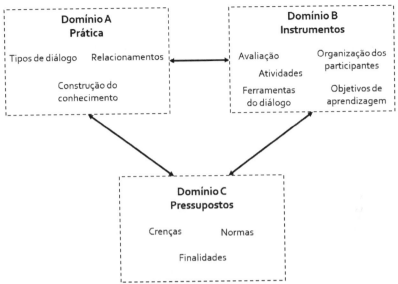

**Figura 2.1.** Os 'três domínios do diálogo' de sala de aula e seus componentes (Calcagni; Lago, 2018).

## Domínio A – Prática

O domínio da prática refere-se ao que acontece na sala de aula, tendo como atores principais o professor e os alunos. Dado seu estado dinâmico, o que pode ser observado em cada componente da prática pode variar de aula para aula. Os componentes incluem tipos de diálogo, relacionamentos interpessoais e construção do conhecimento. Embora reconheçamos a natureza complexa dos eventos de sala de aula, distinguimos esses três componentes como elementos fundamentais para caracterizar o ensino dialógico e que podem servir para compreender o que acontece durante uma aula.

O primeiro componente é **tipos de diálogo**, que se refere ao repertório de formas e funções de fala empregadas pelos participantes nas aulas, e seus padrões e sequências. Esses elementos têm desempenhado um papel central na literatura sobre o ensino dialógico, dada a centralidade da fala na aprendizagem de acordo com os seus pressupostos. Na promoção e pesquisa do diálogo de sala de aula, tem se conferido grande ênfase aos tipos de diálogo que devem ser praticados (ver capítulos 3 e 4).

O segundo componente são os **relacionamentos interpessoais**; refere-se aos tipos de vínculo que uma comunidade de aprendizagem estabelece considerando a distribuição de poder, o clima emocional e a qualidade dos relacionamentos. Isto, especialmente tendo em conta que, no diálogo, os participantes, em certa medida, assumem riscos ao expressar ideias inacabadas e tendo as suas ideias desafiadas (Michaels *et al.*, 2008). Por exemplo, Baines *et al.* (2009) discutem as competências sociais necessárias para a colaboração, como confiança, tolerância mútua, respeito mútuo e sensibilidade para com os outros. Os relacionamentos não compreendem apenas emoções, mas também dinâmicas de poder e controle.

Um terceiro componente é o da **construção do conhecimento**, que diz respeito ao tema abordado e ao progresso da compreensão dos participantes sobre o tema. Aqui, o foco muda das características da conversa para o que está sendo compartilhado e construído coletivamente. Ao situar esse componente no domínio da prática, pretendemos enfatizar que ele se refere aos conteúdos à medida que vão sendo aprendidos pelos alunos.

## Domínio B – Instrumentos

No domínio dos instrumentos estão as ferramentas de ensino, materiais e simbólicas, que servem para projetar e estruturar a prática realizada. Conceituamos esse domínio separadamente no ensino dialógico porque se relaciona com as ações profissionais dos professores relativamente ao planejamento do ensino, que, por sua vez, criam os espaços que o diálogo pode preencher. De certa forma, o domínio dos instrumentos pode ser pensado como o palco em que se realiza o domínio da prática.

Nesse domínio, propomos cinco componentes: objetivos de aprendizagem, atividades, ferramentas do diálogo, organização dos participantes e avaliação.

Os **objetivos de aprendizagem** referem-se aos conteúdos e/ou habilidades que os alunos precisam dominar em cada área disciplinar. Os objetivos são geralmente organizados em unidades de ensino e especificados ao nível da aula, e tendem a ser prescritos, até certo ponto, pelo currículo escolar explícito.

# DIÁLOGO DE SALA DE AULA

Uma vez definidos os objetivos, o desenho das **atividades** é o que permite a sua tradução em atividades e aprendizagem em sala de aula. O processo de planejamento também envolve a escolha de recursos, como manipulativos ou tecnologia interativa. Embora as atividades possam ser concebidas de forma colaborativa na sala de aula, os professores normalmente supervisionam a sua concepção. Wells e Arauz (2006), por sua vez, destacam que a autenticidade das tarefas é fundamental; eles defendem que elas sejam baseadas na investigação, em que o conhecimento seja construído por meio da descoberta, o que tornaria o diálogo uma necessidade e, portanto, mais autêntico.

O terceiro componente são as **ferramentas do diálogo**, entendendo estas como aspectos do discurso que são empregados de forma consciente, proposital e sistemática pelos professores para estruturar a fala na sala de aula e promover o diálogo. Esse componente está intimamente ligado aos 'tipos de diálogo' no domínio da prática, mas consideramos que faz parte dos instrumentos do repertório dos professores, dado que estes podem planejar e utilizar ferramentas de diálogo para promover os tipos de interação que então ocorrem na sala de aula.

Outro componente é a **organização dos participantes**, como palestras, trabalho em grupo, trabalho em pares e trabalho independente. Esse componente é importante porque, como observamos, o discurso é moldado pelo contexto e pelos participantes. As oportunidades de os alunos interagirem com o professor e seus colegas estruturarão suas experiências com diálogo.

Um componente final é o da **avaliação**, ou seja, os meios utilizados para aferir o aprendizado dos alunos e como estes se relacionam com os objetivos e atividades de aprendizagem. É bem sabido que a avaliação molda fortemente as práticas de planejamento e ensino, ao mesmo tempo que sinalizam realizações valorizadas e desejáveis. Por exemplo, avaliações que enfatizam o conhecimento factual e processual minam o espaço do diálogo e a importância de conhecimentos mais complexos e abertos (Alexander, 2015, Lefstein; Snell, 2014).

## Domínio C – Pressupostos

O domínio dos pressupostos considera as ideias conscientes e implícitas que orientam o que as pessoas pensam e fazem. Trata-se de afirmações amplas que servem como heurísticas, ou seja, operam para fornecer interpretações imediatas de situações sociais. Incluem ideias subjacentes que podem ser partilhadas na sala de aula ou na escola, e em um nível cultural mais amplo. Essa dimensão é importante para que possamos conceber o diálogo e a pedagogia como práticas culturais que são, portanto, contextualizadas e moldadas historicamente (Alexander, 2008).

O primeiro componente são as **crenças**, particularmente sobre o conhecimento e a aprendizagem, dado que as abordagens dialógicas tendem a endossar uma teoria sociocultural da aprendizagem e visões epistêmicas dialógicas. Esses pressupostos são frequentemente denominados "crenças epistêmicas" e referem-se a ideias sobre o que é o conhecimento (incluindo a sua estrutura e estabilidade) e como ele pode ser aprendido. Alguns autores associam o ensino transmissivo e o ensino dialógico a diferentes crenças epistêmicas e postulam que o ensino dialógico deve ser associado à epistemologia crítica mais avançada[7] (Reznitskaya; Gregory, 2013). Outras crenças educacionais relevantes referem-se à natureza da inteligência e às expectativas sobre os alunos em relação ao seu estatuto socioeconômico e sua origem étnica.

As **finalidades** da educação (implícitas e explícitas) são as metas mais gerais e finais perseguidas pelos participantes (professores e alunos) no contexto social mais amplo. Nesses cenários, a maioria das pedagogias dialógicas tem estado relacionada a finalidades educativas que vão além das medidas tradicionais de conhecimento ou associadas à empregabilidade. Enfatizam finalidades como participação, democracia, cidadania crítica e racionalidade (Alrø; Skovsmose, 2023).

---

7 Segundo Reznitskaya e Gregory (2013), a partir de Kuhn (1991), existe três estágios de desenvolvimento epistemológico sobre o conhecimento. A epistemologia absolutista concebe o conhecimento como fixo e existente, independentemente da cognição humana. A epistemologia multiplista trata o conhecimento como subjetivo, diminuindo o valor do uso de regras e métodos. Por último, a epistemologia avaliativista aceita que há uma dimensão subjetiva no conhecimento, mas também reconhece a adequação de certos métodos de investigação em relação a outros. As epistemologias multiplista e absolutista são incompatíveis com o ensino dialógico, que se alinha mais com a epistemologia avaliativista.

DIÁLOGO DE SALA DE AULA

O componente final são as **normas**. Elas estão presentes em todas as interações sociais e ajudam-nos a explicar por que os participantes se comportam de maneira aceitável e esperada, mesmo sem concordarem explicitamente sobre o que devem fazer. As normas foram identificadas como cruciais para a comunicação humana e foram estudadas em sala de aula (Gee; Green, 1998). Essas normas são parcialmente definidas por experiências e tradições anteriores, mas também podem se tornar explícitas e ser tematizadas (Jaworski, 2006). Considerando as normas referidas ao diálogo, a pedagogia transmissiva e dialógica pode ser pensada como contendo conjuntos de normas muito diferentes, relacionadas a qual conhecimento é considerado válido, quem pode participar e como. Não é nenhuma surpresa que algumas abordagens de diálogo tenham enfatizado as normas como um componente importante que dá conta das práticas atuais e que tem o potencial de impulsionar a mudança.

Na estrutura geral, cada componente é representado isoladamente em um domínio, mas também estão interligados. Por exemplo, as normas referem-se frequentemente a casos específicos de relacionamentos e conversas na sala de aula, enquadrando os papéis dos participantes e as expectativas percebidas. Por sua vez, os tipos de diálogo observados poderiam moldar as crenças dos professores e dos alunos sobre o conhecimento e a validade da construção do conhecimento dos alunos. Em um outro exemplo, as finalidades do sistema educativo influenciarão o currículo e, portanto, a definição dos objetivos e atividades de aprendizagem dos professores, o que deverá refletir-se em todos os componentes práticos. Caso os domínios e componentes não se relacionem de forma coerente, pode se afirmar, então, que existem contradições nessa abordagem educacional.

Capítulo 3

# PROMOVENDO DIÁLOGOS PRODUTIVOS

## O papel do trabalho em grupo no ensino dialógico

Uma estratégia de ensino comum nas salas de aula é organizar os alunos em pequenos grupos para trabalharem juntos. Essa forma de trabalho ganhou bastante projeção a partir da década de 1960, no contexto da educação progressista, que procurava evitar a instrução direta, ao mesmo tempo que promovia uma pedagogia centrada na criança, com base nos trabalhos de Piaget (Mercer, 1995). Se uma parte dessa vertente de investigação foi denominada 'aprendizagem cooperativa', cujo foco era a forma como os grupos poderiam ser organizados (número de membros, gênero, idade, capacidade, funções, tipo de tarefa etc.), outra vertente, conhecida como 'aprendizagem colaborativa', centrou-se mais nas dinâmicas de grupo e nas interações discursivas (Schwarz; Baker, 2016). Em ambos os casos, os estudiosos tentaram correlacionar configurações de grupo ou tipos de movimentos discursivos e resultados de aprendizagem.

A ascensão da perspectiva sociocultural na década de 1980, principalmente mediante as traduções dos escritos de Vygotsky, deu ênfase às interações discursivas bem como acrescentou outra camada ao papel do trabalho em grupo na promoção da aprendizagem: o processo construtivo, para além do conflituoso, na interação entre pares (Light; Littleton, 1998). Muitos estudos concentraram-se então nos tipos de interações discursivas que não eram apenas produtivas (que produziam ganhos de aprendizagem), mas também construtivas (que geravam entendimentos comuns coconstruídos) (Schwarz; Baker, 2016).

A característica distintiva do trabalho em pequenos grupos é que os alunos podem envolver-se em um modo de participação diferente do ensino quando voltado para toda a sala. Esses dois modos de participação em sala de aula foi o que Howe (2010b) chamou de modos cooperativo e de desempenho, respectivamente. Durante o trabalho em grupo, os alunos têm a oportunidade de desenvolver um sentido independente do que está sendo ensinado e apresentar as suas ideias, assim, formulam seus próprios pensamentos e são compelidos a avaliá-los por si mesmos (Wegerif; Dawes, 2004). Além da dimensão do conteúdo conceitual, no trabalho em grupo os alunos podem negociar seus papéis na divisão de tarefas, dando ou recebendo assistência ou informação, enfrentando contradições entre as ideias dos membros ou resolvendo problemas (Howe, 2010b; Webb; Farivar, 1999). Por isso, o diálogo em grupo pode ser enquadrado como uma relação horizontal (simétrica), em que os alunos trocam perspectivas em um mesmo nível de autoridade e experiência. O ponto é que a presença do professor altera o modo com que os alunos se comportam, pensam ou falam, se alinhando usualmente com a busca da resposta correta.

Muitas pesquisas mostraram que o trabalho em pequenos grupos pode ser muito eficaz e, portanto, desempenhar um papel importante na aprendizagem, no crescimento cognitivo (raciocínio) ou na compreensão conceitual, dependendo da qualidade do diálogo em grupo (Howe, 2009; 2010a; Larrain *et al.*, 2019). Além desses ganhos cognitivos e acadêmicos, o trabalho em grupo pode ter impacto nas atitudes em relação à aprendizagem, à socialização e à autorregulação (Galton *et al.*, 2009; Grau; Whitebread, 2012; Kutnick *et al.*, 2005).

No entanto, a pesquisa educacional também demonstrou que, mesmo quando organizados em pequenos grupos, os alunos raramente trabalham juntos de forma colaborativa, continuando a trabalhar em paralelo, cooperando, ou sozinhos (Baines *et al.*, 2003; Galton, 1987). Depois de revisar a literatura em seu livro, Howe (2010a, p. 68) afirma que "na ausência de programas formais, o modo colaborativo parece ser a exceção e não a regra no que diz respeito [à participação dos] subgrupos em sala de aula".

Muitos autores examinaram as razões desse descompasso entre os resultados da pesquisa e as práticas de sala de aula. Nota-se, por exemplo, que existe nos professores uma preocupação em perder o controle da sala de aula ou em gastar muito tempo na preparação e execução de tarefas em grupo, além da pressão sempre presente dos testes padronizados e currículos lotados (Galton *et al.*, 2009). Ademais, muitas das tarefas propostas em sala de aula não requerem colaboração, e os grupos não recebem instrução explícita dos seus professores sobre como realizar um trabalho colaborativo (Edwards; Mercer, 2012; Mercer, 1995).

Este capítulo tem como objetivo apresentar as características do que pode ser entendido como um diálogo colaborativo em grupo bem como comentar estratégias didáticas para que esse diálogo possa emergir nas atividades propostas pelo professor. Antes disso, porém, destacam-se alguns pontos teóricos sobre os mecanismos subjacentes que explicam o papel relevante das interações discursivas entre pares no desenvolvimento cognitivo dos alunos por meio de uma perspectiva sociocultural. Alguns trechos dos escritos de Vygotsky apresentados neste capítulo podem não ser muito conhecidos na área.

## Considerações teóricas

Grande parte da tradição de pesquisa sobre agrupamento de alunos para aprendizagem derivou teoricamente dos trabalhos de Piaget. Essa tradição ficou conhecida como conflito sociocognitivo e reuniu dados empíricos sobre a interação do grupo durante atividades de resolução de problemas. Nesse quadro teórico, argumenta-se que o desenvolvimento cognitivo é desencadeado por comparações entre visões contraditórias; "qualquer mudança cognitiva que envolva abstração requer a coordenação das concepções existentes com alternativas e a reconciliação das diferenças" (Howe, 2013, p. 4). Os estudiosos notaram que a capacidade de descentralizar, ou seja, de levar em conta outros pontos de vista, estimula o pensamento de ordem superior (Light; Littleton, 1998; Mirza *et al.*, 2009).

Assim, ao cooperar com pares, a criança pode lidar e coordenar as perspectivas dos outros, resolver diferenças e agir, o que a levaria a um novo nível intelectual (Matusov; Hayes, 2000).

No que diz respeito à colaboração conjunta, muitas das interpretações da teoria de Vygotsky empregaram a noção de ZDP, que considera principalmente a interação entre a criança e o adulto, ou um novato e um colega mais capaz (Blatchford *et al.*, 2001; Fisher, 1993). Essa proposição gerou uma série de abordagens como a tutoria e o ensino recíproco, que focam no processo construtivo das diferenças, em que o conflito não é evidente (Hogan; Tudge, 1999; Mercer, 2000). Esses estudos destacaram o papel da orientação e do apoio mútuos na construção de entendimentos conjuntos (Forman; Cazden, 1998). Nessa estrutura, diz-se que as funções mentais superiores são construídas pela atividade social; elas "aparecem no palco duas vezes, em duas formas – primeiro como sociais, depois como psicológicas; primeiro, como uma forma de cooperação entre pessoas, como um grupo, uma categoria intermental; depois, como um meio de comportamento individual, como uma categoria intramental" (Vygotsky, 1998, p. 169).

Contudo, e de forma bastante interessante, o próprio Vygotsky discutiu e concordou com as ideias de Piaget em relação às interações entre pares. Por exemplo, Vygotsky relacionou o desenvolvimento do pensamento lógico à interação argumentativa que acontece em grupos de crianças. Além disso, sugeriu que o crescimento conceitual vem da sistematização das opiniões de uma criança enquanto ela desenvolve um argumento sobre os outros.

> Somente no processo de trabalho com outras crianças, a função do pensamento lógico da criança se desenvolve. Numa posição que nos é familiar, Piaget diz que só a cooperação leva ao desenvolvimento da lógica na criança. No seu trabalho, Piaget conseguiu traçar passo a passo como, no processo de desenvolvimento da cooperação e particularmente em relação ao aparecimento de um argumento real, de uma discussão real, a criança é primeiro confrontada com a necessidade de formar uma base, de provar, confirmar e verificar a sua própria ideia e a ideia do seu parceiro na discussão. Além disso, Piaget traçou a discussão, o confronto

# DIÁLOGO DE SALA DE AULA

que surge em um grupo de crianças. Esta coincidência não é acidental. É especificamente o desenvolvimento de um argumento que leva a criança a sistematizar as suas próprias opiniões (Vygotsky, 1998, p. 168).

Ao utilizar termos como 'argumento real', 'discussão real' e 'confronto', e concordando explicitamente com Piaget, Vygotsky afirma que, quando as crianças desenvolvem um argumento em relação aos outros, elas sistematizam as suas ideias em um processo que desenvolve o pensamento lógico. Assim, pode-se entender Vygotsky sugerindo que as interações argumentativas poderiam criar um confronto necessário para o desenvolvimento.

A ênfase de utilizar 'real' para caracterizar argumentos e discussões pode ter outra leitura incomum na literatura. Usando alguns escritos de Vygotsky – estes apenas em inglês –, Veresov (2010) afirma que a força motriz do desenvolvimento mental de uma criança não é a "relação social comum entre dois indivíduos", mas "uma contradição entre duas pessoas, um evento dramático, um drama entre dois indivíduos" (p. 88). Portanto, Veresov argumenta que o cerne da formulação de Vygotsky é o drama que aparece apenas nas interações sociais, uma espécie de conflito entre o nível de desenvolvimento da criança e as exigências do entorno social (Veresov, 2004).

Muitos trabalhos teóricos já compararam e contrastaram as teorias de Piaget e Vygotsky e apontaram semelhanças, diferenças e complementaridades. Aqui, esperamos contribuir para essa discussão enfatizando o papel do conflito na teoria de Vygotsky sobre o desenvolvimento mental das crianças e que pode ser aplicado no trabalho em grupo.

## Movimentos discursivos, tipos de diálogo e aprendizagem em grupo

Muitos pesquisadores investigaram extensivamente a relação entre os elementos do diálogo em grupo e o aprendizado dos alunos. Howe *et al.* (2007), ao analisar quais tipos de movimento discursivo poderiam desencadear o aprendizado, demonstraram que '**propor**' (sugerir uma ideia ou curso de ação) e '**explicar**' (dar uma razão para uma proposição) são as categorias discursivas mais importantes para prever ganhos de conhecimento. Outros movimentos produtivos, mas não essenciais, incluem 'referência' (referindo-se a uma sugestão ou explicação anterior) e 'resolução' (ajustar-se/concordar com a declaração anterior de alguém). Aqui, a mensagem é que o trabalho em grupo deve ser concebido para maximizar a proposição de ideias e explicações.

Em outro trabalho, Asterhan e Schwarz (2016) identificaram que os pares que se envolveram na construção de explicações pelo debate e pelo confronto obtiveram maior aprendizagem conceitual do que os grupos em que a construção de explicações foi mais consensual. Ou seja, quando os pares propuseram muitos desafios, refutações e oposição, eles obtiveram maiores ganhos conceituais (Asterhan; Schwarz, 2009). Esses autores propõem que o procedimento de acomodar pontos de vista e testar hipóteses oferece a oposição necessária para a promoção do crescimento conceitual. Assim, pelo menos para o trabalho em grupo, tem-se que a troca produtiva de pontos de vista é mais importante do que a obtenção de um entendimento conjunto (Howe; Tolmie, 2003).

Mas o que seria uma troca produtiva? Howe e McWilliam (2001) afirmam que os alunos precisam fazer mais do que expressar opiniões diferentes; porém, quando ocorre um desacordo, eles precisam justificar as diferenças e tentar chegar a um consenso. Assim, não sendo o confronto de ideias essencial por si só, o diálogo em grupo deve envolver movimentos discursivos de compartilhar, desafiar e avaliar ideias, bem como estabelecer objetivos mútuos (Howe; Mercer, 2007).

## Tipos de diálogo

A seguir, destacamos alguns tipos de diálogo que podem ocorrer quando grupos interagem em atividades de sala de aula e como pode ser caracterizado um diálogo considerado produtivo para o aprendizado. A tipologia e os exemplos apresentados têm como base o extensivo trabalho de Neil Mercer *et al.*

### Diálogo disputativo

Em um diálogo classificado como disputativo, há discordância entre os membros do grupo, que tomam decisões por conta própria. Há poucas tentativas de oferecer sugestões construtivas para o desenvolvimento da atividade ou razões e justificativas para as ideias propostas. Existem muitas interações do tipo "Sim, é isso" ou "Não, não é isso." Em geral, não há perguntas ou disposição de considerar o ponto de vista dos outros; o clima é de competição e desacordo. No diálogo abaixo, dois alunos trabalham em uma atividade no computador em que precisam determinar em quais coordenadas de um mapa de Nova York um elefante está escondido. Note como as trocas discursivas entre os membros são bem ilustrativas da descrição de um diálogo disputativo.

**Sequência 3.1.** Diálogo disputativo (Mercer, 2008)

1   **A1:**  Eu posso fazer isso!
   **A2:**  Não, não para cima, para baixo... [aponta para tela]
   **A1:**  Não pode ser.
   **A2:**  Pode.
5   **A1:**  Eu sei onde ele está!
   **A2:**  [tenta encontrar o elefante, sem sucesso]
   **A1:**  Eu falei para você que não estava por ali.
   **A1:**  [também tenta encontrar o elefante, sem sucesso]
   **A2:**  [risos]
10  **A1:**  Qual [coordenada] ainda não foi? Eu não sei.
   **A2:**  1, 2, 3, 4, 5, 6 [contando quadrados]
   **A1:**  Eu sei onde ele está!

**A2:** Eu cheguei mais perto.

**A1:** 1, 2, 3, 4, 5, 6, 7, 8 [contando quadrados]

15   **A2:** Eu cheguei mais perto, 5.

**A1:** Então, tem de ser 1,8.

**A2:** 2,8.

**A1:** Ah, decida você mesmo.

## Diálogo cooperativo

No diálogo cooperativo (ou cumulativo, como denominado por Mercer), os membros parecem simplesmente aceitar e concordar uns com os outros. Eles expõem ideias próprias, compartilham o conhecimento, mas não de uma forma crítica. Isto é, eles podem até repetir e elaborar as ideias dos outros colegas, mas não avaliam essas ideias de forma cuidadosa. O diálogo é dito cumulativo porque os indivíduos constroem suas ideias com base nas contribuições dos outros, adicionando e compartilhando informações de maneira solidária. O clima é de cooperação e consenso rápido.

Para ilustrar esse tipo de diálogo, na sequência a seguir três alunos discutem a seguinte afirmação: "O Sol é somente uma das milhões de estrelas na galáxia chamada Via-Láctea. Isto é verdadeiro, falso ou duvidoso?".

**Sequência 3.2.** Diálogo cooperativo (Mercer, 2008)

1   **A1:** Eu não estou certo...

**A2:** É chamada... Sim, é verdadeira.

**A1:** É... Eu acho... não sei... Mas eu acho que pode ser que sim.

**A3:** Por quê?

5   **A1:** Bom, porque, é... de noite é... Existem muitas, muitas, muitas estrelas no céu. Mas se você olhar para elas muito, muito detalhadamente, elas realmente são...

**A3:** Um planeta?

**A1:** É... grandes estrelas são planetas, como aqueles que cintilam. Eu acho que o planeta é o que...

# DIÁLOGO DE SALA DE AULA

**A2:** É... eu vi um planeta grande na última noite. Na verdade, eu não vi somente um planeta, eu realmente vi três grandes planetas, três grandes estrelas...

**A1:** É.

10 **A2:** E foi muito legal, eles não cintilam.

**A3:** Então, as estrelas são as únicas que mais cintilam, certo?

**A1:** É.

**A2:** Certo, é isso, então é verdadeira.

### Diálogo colaborativo

O último diálogo em grupo caracterizado por Mercer, e chamado por ele de exploratório, será aqui denominado de colaborativo. Nesse diálogo, todos os membros do grupo ouvem e fazem perguntas. As ideias propostas são desafiadas, as informações são compartilhadas e as justificativas são oferecidas ou requeridas. Os alunos consideram e constroem criticamente as ideias uns dos outros, que são tratadas com respeito, em uma atmosfera de confiança. O clima é de colaboração e o consenso é tido como base para o progresso conjunto.

Um exemplo desse diálogo pode ser visto no trecho a seguir, em que três alunos discutem quais seriam os melhores pontos da costa da Inglaterra para que eles, como *vikings*, pudessem realizar um ataque marítimo de maneira surpresa.

**Sequência 3.3.** Diálogo colaborativo (Mercer, 2000)

1 **A1:** Vamos discutir isso. Para qual ponto devemos seguir?

**A2:** 1, 2, 3 ou 4 [*lendo os pontos disponíveis*]. Bem, nós não temos outra chance de ter mais dinheiro porque...

**A3:** E tem um monastério.

**A1:** E se formos para o ponto 2, teremos [*inaudível*].

5 **A2:** Sim, mas as torres devem ter guardas.

**A1:** É.

**A3:** E provavelmente deve ser vigiada.

**A1:** Este é rodeado por árvores.

**A2:** É.

10    **A3:** E aqui tem uma rocha protegendo a gente.

**A2:** Sim, existem algumas rochas lá. Então, acho que devemos ir para o ponto 1.

**A3:** Porque o monastério não deve ser vigiado.

**A1:** Sim, 1.

**A3:** 1.

15    **A2:** Mas e o 2? Só porque tem cabanas não significa que é guardada. O que vocês acham?

**A1:** Sim, não significa que não é guardada, mas pode ser muito bem guardada. Eu acho que devemos ir para 1 porque eu estou certo de que não é guardada.

**A3:** Sim.

No trecho, nota-se que o aluno A1 faz uma contribuição convidando todos a pensarem conjuntamente na solução para o problema (linha 1). A partir desse comando, todos consideraram explicitamente os lugares para o ataque e fornecem justificativas para a escolha (ou desistência) de cada um dos pontos disponíveis (linhas 3, 4, 5, 7, 8 e 10). Na parte final do diálogo, os alunos chegam ao consenso de atacarem o monastério porque este não teria guardas e ainda estariam protegidos por uma rocha (linhas 11 a 16).

O diálogo colaborativo é caracterizado por princípios de "responsabilidade, clareza, crítica construtiva e receptividade a propostas bem argumentadas" (Mercer, 1996, p. 370), que faz com que os alunos se envolvam de forma construtiva com as ideias uns dos outros, e a discussão tenha um equilíbrio entre o raciocínio crítico e a construção colaborativa do conhecimento. Como esse tipo de diálogo não é 'espontaneamente' encontrado quando alunos interagem em grupos, alguns pesquisadores elaboraram atividades específicas e programas de formação de professores para que estes pudessem desenvolver em seus alunos uma prática de interação mais colaborativa. Esse é o tema da próxima seção, em que detalhamos um desses programas de promoção do diálogo em grupo elaborado por Neil Mercer e alguns de seus colegas.

## *Thinking together*: promovendo o diálogo colaborativo em grupo

Uma estratégia que se mostrou produtiva para a promoção de diálogo colaborativos em pequenos grupos é o programa "Thinking together" ou "Pensando juntos", em tradução literal (Mercer, 2000; Mercer, Dawes *et al.*, 2004). Essa abordagem baseia-se na premissa de que as habilidades de diálogo podem ser identificáveis e ensináveis por meio do estabelecimento e uso de regras para o diálogo (Dawes, 2004). Quando os alunos se apropriam dessas regras básicas para interagir uns com os outros, eles fazem mais perguntas, justificam e/ou prolongam suas contribuições e procuram o consenso (Mercer, 1995, 2002). Os resultados de pesquisa mostram que, quando ensinados a dialogar, os grupos aumentaram a frequência do diálogo colaborativo e os alunos envolvidos nesse diálogo tiveram maiores ganhos nas pontuações individuais em testes de raciocínio (Wegerif *et al.*, 1999).

O programa compreende um conjunto de atividades para desenvolver as habilidades de fala, audição e pensamento das crianças. A intervenção ou facilitação para o diálogo colaborativo concentra-se nas habilidades de interação por meio da negociação e da reflexão de **regras para o diálogo** e da conscientização dos alunos sobre o uso delas. Em seguida, propõe-se que os professores ofereçam oportunidades aos alunos de usarem as regras do diálogo, e que os primeiros passem pelos grupos 'modelando' o uso das regras quando eles não estiverem dialogando de forma colaborativa. Por fim, indica-se incluir autoavaliação e reflexão em grupo sobre o desenvolvimento do diálogo para avaliar o progresso nas habilidades dialógicas. A seguir, apresentamos alguns exemplos dessas etapas da abordagem do programa.

Na primeira atividade, por exemplo, os professores podem fazer uma discussão coletiva sobre o que é importante para um bom diálogo (Figura 3.1) e convidar os alunos a discutirem em grupo e escreverem regras para um bom diálogo (Figura 3.2).

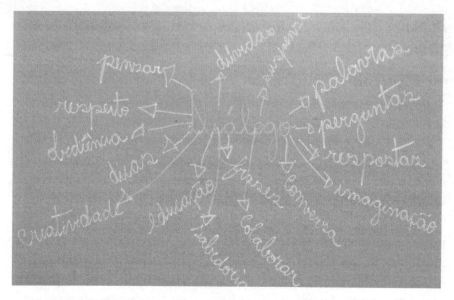

**Figura 3.1.** Respostas dos alunos sistematizadas na lousa com base em uma discussão coletiva sobre diálogo (5º ano; 10-11 anos de idade).

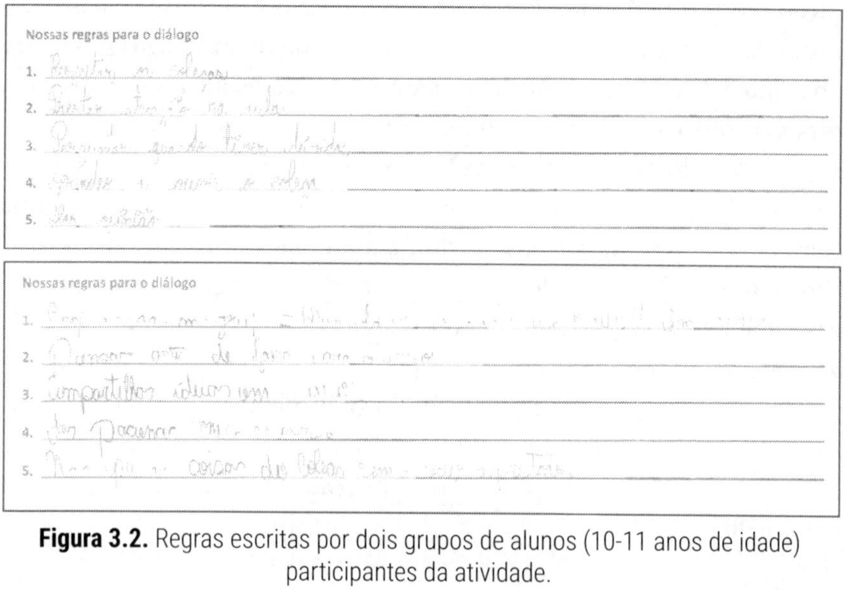

**Figura 3.2.** Regras escritas por dois grupos de alunos (10-11 anos de idade) participantes da atividade.

# DIÁLOGO DE SALA DE AULA

Após essa primeira atividade, as respostas de todos os grupos podem ser organizadas e refraseadas para que todos os grupos sigam as mesmas regras. Assim, para as aulas seguintes, os professores podem posicionar um cartão no centro da mesa do trabalho em grupo com as regras mais bem delimitadas, como indicado a seguir.

---

**Nossas regras para o diálogo**

1. Todos compartilhamos nossas ideias e ouvimos as ideias dos outros.

2. Se alguém não estiver participando, nós perguntamos "o que você acha?".

3. Nós falamos um de cada vez.

4. Nós respeitamos e nos interessamos pelas opiniões dos outros.

5. Nós damos razões para explicar nossas ideias.

6. Se não concordamos ou não entendemos, nós perguntamos "por quê?".

7. Nós tentamos chegar a um acordo, no final.

---

A partir de então, aula a aula, os alunos são organizados em grupo para trabalharem em atividades específicas que necessitem de colaboração e discussão. Isto é, tarefas que sejam interativas, promovam debates substanciais sobre um tema, situação ou questão, e em que haja defesa, confronto e desafio de ideias. Essas tarefas devem envolver uma grande quantidade de diálogo e reflexão dos alunos, formato que acaba demandando um alto nível cognitivo, pois requerem contribuições bastante interpretativas e permitem múltiplas soluções.

Um tipo de atividade que requer diálogo e pensamento dos alunos é a que apresenta uma situação hipotética que pede explicações ou tomada de decisões. Por exemplo, tem-se uma situação em que uma criança está sobrevoando uma floresta em um balão de ar quente e, em uma área sem árvores, ela vê uma pequena bola movendo-se em direção a uma maior. A tarefa do grupo seria construir o maior número possível de ideias/hipóteses para explicar o movimento da bola. Ou uma situação em que os alunos se juntariam a um grupo de exploradores para navegar até uma ilha recentemente descoberta. Os alunos deveriam chegar a um consenso sobre quais os três itens que deveriam ser levados para a expedição, dos vinte itens pré-selecionados (bússola, fósforos, dinheiro, barraca, saco de dormir, computador, entre outros). Eles deveriam decidir quais itens levariam e escrever uma frase completa justificando suas escolhas.

Outro tipo de atividade trata de dilemas morais, em que os alunos devem escolher entre duas soluções possíveis (previamente oferecidas) ou pensar em uma terceira opção. No caso, os alunos encontraram uma nota de R$ 10,00 enquanto caminhavam. O que eles deveriam fazer? Entregar para o dono, mas não sabem onde, ou guardar come eles. Ou a situação em que um amigo empresta um brinquedo a outro, e este outro o perde. Ele deve comprar um novo, se tiver dinheiro, ou pedir desculpas e dizer que foi sem querer?

Outro formato de atividade envolve um conteúdo disciplinar específico, como ciências naturais. Aqui, o grupo recebe uma lista com dez afirmações (pontos de discussão), não necessariamente corretas. Os alunos precisam dialogar para decidir se cada ponto é correto, errado ou duvidoso. Por exemplo, analisar afirmações como "A luz pode ser feita a partir da eletricidade", "As sombras têm sempre a mesma forma da coisa que as rodeia" ou "É possível obter sombras coloridas".

Enquanto os alunos dialogam em grupo, recomenda-se que a intervenção dos professores seja 'atos sutis', para evitar o encerramento do diálogo em grupo ou o forte direcionamento à resposta correta. É importante manter o diálogo para que os alunos consolidem experiências e resolvam contradições. Diz-se que essa estratégia é não autoritativa e não avaliativa. Ou seja, sugere-se aos professores que simplesmente facilitem e regulem a conversa, fornecendo uma intervenção contingente para manter o envolvimento dos alunos no diálogo por meio da modelagem do uso de regras.

Assim, se o objetivo do professor é, por exemplo, focar os alunos a considerarem todas as opiniões, ele pode orientar ou perguntar para o grupo: "Vejam se todos vocês concordam ou não com as afirmações", "O que o João acha?", ou "O que a Marina acabou de dizer?". Se, entretanto, o objetivo é fazer os alunos chegarem a um consenso em grupo, vale perguntas como "Todos vocês concordam com a Ana?" ou "O que vocês decidiram nesse grupo? Alguém discorda?". Já no caso de o grupo estar paralisado, sem diálogo, o professor pode lançar mão de intervenções como "Alguém tem alguma ideia? Alguém quer ajudar?" ou "Você não entendeu? Quem do grupo entendeu?". Por fim, para encorajar os alunos a justificarem suas ideias, temos "Por que você acha isso?", "Por que a Júlia discorda?", "Como você chegou a essa conclusão?", ou, ainda, "O que está certo ou errado na outra resposta?" (Hoffmann; Mercer, 2015).

Por fim, o programa "Thinking together" prevê que, após o desenvolvimento do trabalho em grupo, se organize uma sessão metarreflexiva sobre o diálogo, para que os alunos possam pensar, discutir e avaliar como eles interagiram durante a atividade. Essa sessão pode ser realizada de forma oral e coletiva, ou por meio de formulários em pequenos grupos, ou individualmente (Figura 3.3).

Avaliação dialogada: Como conversamos?

Discutam as questões em grupo. Marque a alternativa que melhor mostra como o grupo se sente sobre como foi o diálogo em grupo.

| Questão | Sim | Mais ou menos | Não |
|---|---|---|---|
| Todos se envolveram no trabalho em grupo? | X | | |
| Todos tiveram oportunidade de compartilhar suas ideias? | | X | |
| Alguns de vocês encorajaram os outros a contribuir com ideias? | X | | |
| Todos explicaram suas ideais? | | X | |
| Todas as contribuições foram consideradas justamente? | | X | |
| Alguns de vocês fizeram perguntas para os outros? | | | X |
| Todos ficaram contentes com a decisão final do grupo? | | X | |

Escrevam uma sugestão para melhorar o diálogo em grupo.

1. Não puxar assuntos além da atividade

**Figura 3.3.** Formulário reflexivo preenchido e respondido por um dos grupos participantes sobre como eles dialogaram na atividade.

## Caracterizando o diálogo em grupo em uma escola brasileira

Nesta seção apresento brevemente parte dos resultados de minha pesquisa de doutorado, em que caracterizo o diálogo que ocorreu em seis grupos ao trabalharem em sete atividades diferentes. Inicialmente, apresento o contexto/conteúdo do diálogo entre os alunos, para em seguida focar nas funções discursivas dos enunciados deles. As análises compreendem aspectos quantitativos e qualitativos.

Os enunciados dos alunos relacionados ao conteúdo da tarefa foram classificados quanto às suas funções discursivas, com base no formato IRF (Sinclair; Coulthard, 1975) e nas características dialógicas que descrevem o diálogo produtivo. Assim, foram criadas seis categorias, duas para cada movimento do discurso triádico: pergunta (iniciação) e pergunta dialógica; contribuição (resposta) e contribuição dialógica; e acompanhamento (*feedback*) e avaliação dialógica (avaliação). Para mais detalhes, o leitor pode consultar o material de Lago (2023).

O termo 'dialógico' tenta enquadrar os enunciados que contêm contribuições significativas, fazendo avançar as ideias e ao mesmo tempo tendo em conta as perspectivas dos outros na construção coletiva do conhecimento. Esses códigos visavam capturar os movimentos discursivos que a literatura definiu como academicamente produtivo. Por exemplo, se 'perguntas' denotam questões fechadas, factuais, de teste ou de 'obtenção de resposta', as perguntas dialógicas compreendem convites aos alunos para construir, elaborar, explicar, justificar, avaliar, esclarecer, formular uma hipótese e/ou especulação (novos cenários), ou coordenar perspectivas.

As contribuições (respostas) expressam uma ideia, opinião, crença ou proposições sem fundamento. Capturam respostas preespecificadas ou informações breves sem desenvolvimento e usam poucas palavras. Já as contribuições dialógicas contêm movimentos discursivos que aprofundam o raciocínio ou induzem o pensamento coletivo. Assim, elas podem expandir uma proposição simples quando um aluno acrescenta algo à sua própria contribuição ou à contribuição anterior de outra pessoa. Em um sentido mais amplo, as contribuições dialógicas refletem-se quando alguém constrói, elabora, avalia, esclarece, explica ou justifica, especula, formula hipóteses com fundamentos e coordena outras contribuições.

# DIÁLOGO DE SALA DE AULA

O acompanhamento (*follow up*) codifica reações simples (interjeições), acordos ('sim') ou desacordos ('não') que meramente indicam recepção, aceitação ou rejeição de contribuições anteriores. Essas declarações são geralmente utilizadas como um mero filtro para manter o fluxo da conversa, permitindo que outros saibam que a sua contribuição foi ouvida, sem oferecer uma contribuição relevante para o conteúdo da palestra. Na fala dos professores, essa categoria inclui repetir ou elogiar as ideias dos alunos ou avaliações curtas. A avaliação dialógica avalia o *status* de uma contribuição anterior, considerando-a errada e fornecendo justificativa com fundamentos (motivos, evidências ou elaboração). Oposições e visões contrastantes impulsionam o crescimento conceitual durante a interação social. A contribuição dialógica e a avaliação dialógica diferem na medida em que esta última apresenta um contra-argumento, fornecendo razões para apoiar uma afirmação oposta.

## O contexto do diálogo

Quando se analisa o comportamento dos seis grupos ao longo das sete atividades realizadas em grupo (Figura 3.4), nota-se que gastam pouco mais da metade dos enunciados (56%) falando sobre o *conteúdo* da atividade, um quarto dos enunciados (25%, *instrução*) negociando os procedimentos da atividade, e um número razoável de enunciados com temática fora do contexto da sala de aula (19%, *fora do tópico*). Ou seja, apenas metade do trabalho em grupo foi dedicada ao conteúdo, o que está mais diretamente relacionado aos ganhos de aprendizagem conceitual-disciplinar.

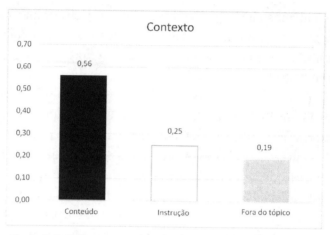

**Figura 3.4.** Diálogo em grupo dividido entre os três contextos.

Por instrução estamos falando dos procedimentos ou gerenciamento de tarefas, que, em geral, se refere a quando um aluno diz a outro para realizar alguma ação. Assim, essa categoria envolve ações discursivas como ler instruções de tarefas, soletrar palavras para outros, ler o que foi escrito, negociar a escrita, e qualquer outra ação relacionada à preparação de materiais. Os enunciados fora do tópico marcam enunciados cujo teor transcende o conteúdo ou os procedimentos da atividade, usualmente com brincadeiras e conversas sobre o cotidiano escolar ou doméstico, como programas de TV, redes sociais, vídeos da internet, música, viagens em família, cotidiano e atividades extraescolares, ou desportivas, entre muitas outras.

## As funções discursivas

A segunda análise tratou da distribuição das funções discursivas dos enunciados segundo as seis categorias apresentadas anteriormente (Figura 3.5). As perguntas representam apenas 16% do total de enunciados e foram divididas igualmente entre dialógicas (8%) e não dialógicas (8%). Uma análise mais detalhada dos episódios de diálogo em grupo revelou que os alunos exploraram o problema coletivamente e/ou desafiaram as opiniões uns dos outros, apresentando contra-argumentos sob a forma de afirmações ou proposições que abriam espaço para uma resposta.

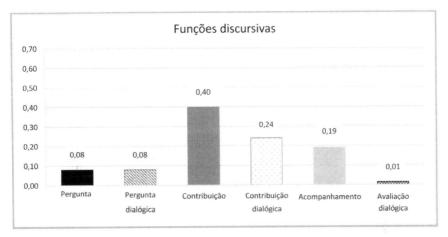

**Figura 3.5.** Funções discursivas dos enunciados referentes ao conteúdo, apresentadas com seus componentes dialógicos e não dialógicos.

As respostas foram responsáveis por 64% dos enunciados (40% para contribuições e 24% para contribuições dialógicas), enquanto uma boa parte da interação (19%) consistiu em acompanhamentos (considerando ideias, interjeições e filtros não relevantes para a construção do conhecimento ou solução de tarefas). Finalmente, a avaliação dialógica foi rara (1%), pois grande parte do confronto foi feita mediante perguntas.

A alta incidência de contribuições simples e acompanhamentos pode sinalizar os tipos de diálogo disputativo e cooperativo (ver acima), nos quais os alunos não se envolvem de modo algum com as contribuições dos outros ou tomam as ideias uns dos outros de forma acrítica, respectivamente.

Para adicionar significado às frequências dos códigos exibidos no gráfico (Figura 3.5), podemos analisar qualitativamente alguns episódios de trabalho em grupo.

## Análise qualitativa: diálogo disputativo, cooperativo e colaborativo

A sequência 3.4 mostra um episódio de diálogo em grupo que pode ser classificado entre disputativo e cooperativo, com características mais dialógicas apenas ao final. Note que os enunciados dialógicos representam apenas um terço do total dos enunciados (10 de 30). Assim, pode-se argumentar que essa quantidade de enunciados dialógicos não é suficiente para garantir um episódio de diálogo colaborativo de forma consistente. Observe que as contribuições dos membros do grupo são simples acréscimos e provocações, quando surgiam divergências.

**Sequência 3.4.** Diálogo em grupo – entre o disputativo e o cooperativo

1  **A1:** Podemos ver sombra todos os dias [*lendo a atividade*].

**A2:** Verdadeiro.

**A3:** Não, porque...

**A1:** Às vezes, vai chover...

5  **A3:** É... como veremos agora...

**A4:** Não! É verdade...

**A2:** Como...

**A4:** Não..., é verdade... porque terá clareza da mesma forma que a luz...

**A3:** Não vai.

10  **A1:** Isso é...

**A2:** O Sol ainda está escondido lá...

**A3:** Às vezes, depende... se estiver chovendo...

**A2:** Depende.

**A3:** Depende.

15  **A4:** Verdadeiro.

**A2:** Coloque isso como verdade...

**A1:** Vamos lá, pessoal... decidir uma coisa ou outra...

**A4:** Gente, é verdade... porque todo dia dá para ver sombra...

**A3:** Depende.

20  **A2:** Então... seja verdade...

# DIÁLOGO DE SALA DE AULA

**A4:** ... não à noite, certo?

**A2:** À noite, sim! Há luz...

**A1:** Sim...

**A3:** E se não houver luz...?

25 **A4:** Ali... há uma vela...

**A1:** Tem uma vela, tem...

**A3:** Mas quem sai com vela... Não pode aparecer com vela...

**A2:** Sim...

**A2:** Na rua, obviamente, não é possível... Dentro de casa, pode...

30 **A1:** Verdadeiro.

De fato, uma análise das discussões em pequenos grupos no ensino das ciências demonstrou que os alunos muitas vezes têm dificuldade em trocar argumentos coerentes, ao mesmo tempo que demonstram baixo envolvimento nas atividades (Bennett *et al.*, 2010). Geralmente, os alunos gastam apenas uma parte do tempo discutindo o conteúdo proposto pelas tarefas e, ao fazê-lo, se envolvem principalmente em disputas ou resoluções rápidas. Ou seja, as contradições não são discutidas de forma fundamentada e há pouca disposição para a abertura e a mudança de mentalidade.

Já a sequência 3.5, a seguir, mostra um trecho de diálogo colaborativo que emergiu em um dos grupos: um episódio selecionado para ilustrar como os alunos interagiam em altos níveis de dialogicidade. No caso, note que os alunos desenvolvem e desafiam as contribuições dos outros enquanto apresentam razões e justificativas para suas proposições. Quantitativamente, mais da metade dos enunciados foi codificada como dialógica (17 de 30).

**Sequência 3.5.** Diálogo em grupo – colaborativo

1 **A1:** Prefiro comprar um brinquedo novo do que contar a verdade... Senão, a garota ficaria brava comigo... e...

**A2:** Olha aqui... mas, tipo... não... amigo... tem que falar para comprar um novo e devolver... E ficar tranquilo...

**A3:** Mas você vai comprar um brinquedo...

**A2:** Essa alternativa não existe... É comprar um brinquedo novo e devolvê-lo sem dizer nada ou pedir desculpas...

**A1:** Então... mas, eu como disse... prefiro comprar um brinquedo novo em vez de contar a verdade, porque depois...

**A2:** Nós sabemos o que você quer, mas qual é o motivo?

**A3:** E... por que você tem que comprar um brinquedo novo e não contar a verdade?

**A1:** Porque se eu falar a verdade, às vezes minha amiga pode não querer mais ser minha amiga porque perdi o brinquedo dela...

**A4:** Ah... OK...

**A1:** Eu pensei assim...

**A2:** Eu diria que foi um acidente e não foi minha culpa... porque... tipo, você pode manter sua amizade com a garota... e ainda contar a verdade... Mas, se você comprar um brinquedo novo, devolver e dizer a verdade, você será como se fosse culpado...

**A1:** Mas pelo menos você deu a ela um brinquedo novo e pediu desculpas.

**A2:** Pois é... mas acho melhor contarmos a verdade... Imagine...

**A1:** Você vai mentir para ela, então?

**A2:** Olha... tipo... você pega emprestada uma boneca dela, aí, de repente... você vai secar o cabelo da boneca assim..., com o secador, e de repente ele fica todo preto aqui...

**A3:** Queime isto!

**A2:** Queime... ali... tipo, é como se você tivesse perdido... ali...

**A2:** Então! Pensa... aí você pega a boneca e perde ela... ou queima o cabelo dela...

**A1:** Mas você acha certo dizer que é mentira..., dizer que você perdeu?

**A2:** Aí você vai lá e compra uma boneca igual a essa... e fala... pega... aí... você gosta... Ela vai continuar sendo minha amiga? Você estará mentindo para ela...

**A1:** Mas eu estraguei a boneca dela, e pelo menos não vou me sentir culpado, já que devolvi a boneca para ela...

**A2:** Mas você tem que dizer a verdade... Ou você é um mentiroso?

**A3:** Ou podemos adicionar os dois... comprar um brinquedo novo, dizer que foi um acidente e que não foi nossa culpa.

# DIÁLOGO DE SALA DE AULA

**A1:** Isso é...

25    **A3:** Pode ser...? Você concorda?

**A1:** Não...

**A2:** Então... nos convença de que existe um melhor!

**A1:** Se eu comprar um brinquedo novo para ela... do mesmo jeito, eu perdi o brinquedo... tipo... do mesmo jeito, se ela perdesse um brinquedo meu e comprasse outro, do mesmo jeito, eu não saberia disso: um brinquedo meu havia se perdido...

**A3:** Mas, então, você mentiria para ela?

30    **A1:** Prefiro devolver o brinquedo novo...

A questão é que esse tipo de diálogo colaborativo ilustrada na sequência é raro. Além da falta de vivência em uma prática dialógica e de habilidades discursivas (ver outros obstáculos no capítulo 6), podemos levantar algumas outras hipóteses para a escassez do diálogo colaborativo em grupos.

Por exemplo, tem-se problematizado o formato das atividades propostas e como os alunos se posicionam em relação a elas. Isto é, o conteúdo e o formato da atividade não determinam sozinhos o tipo de diálogo em grupo, mas também as percepções dos alunos sobre a tarefa e as expectativas do professor (Corden, 2000). Nesse sentido, a introdução da tarefa pelo professor é um momento importante em que se constroem as percepções e compreensões dos alunos, que, por sua vez, orientam a forma como abordam a tarefa.

Andriessen e Schwarz (2009) discutem três condições para o diálogo produtivo. Eles primeiro consideram o papel da *compreensão compartilhada* dos alunos sobre as tarefas, o que diminui os mal-entendidos e aumenta as motivações. Muhonen *et al.* (2017, p. 26) também consideram que, para um diálogo bem-sucedido, os alunos precisam "compartilhar pontos de vista relevantes para a discussão e ter uma concepção conjunta do seu objetivo ".

Em segundo lugar, os alunos precisam de um *conhecimento mínimo* para participar de diálogos produtivos; uma atividade de alta demanda cognitiva pode prejudicar a participação se os alunos se sentirem desconfortáveis em se colocarem publicamente. Por fim, as *divergências relevantes* para o crescimento conceitual podem, no entanto, comprometer o discurso produtivo (Andriessen; Schwarz, 2009), pois, quando os confrontos não são resolvidos por meio de um diálogo fundamentado, podem transformar-se em conflitos interpessoais e causar a inibição da conversa (Alexopoulou; Driver, 1996).

Por fim, destaco que promover um diálogo colaborativo em pequenos grupos pode ser uma tarefa difícil e exigente, pois envolve novos modos de interação entre os participantes que não são os mais "naturais", por isso a necessidade de haver uma metarreflexão coletiva após as atividades e a facilitação explícita das regras do diálogo pelos professores. O desenvolvimento de atividades educacionais para o diálogo colaborativo deve ser uma prática interativa e contínua para que os alunos possam se apropriar e internalizar as regras do diálogo para o uso em suas interações.

Capítulo 4

# AS ABORDAGENS PARA O DIÁLOGO E OS MOVIMENTOS DIALÓGICOS

## Abordagens ao diálogo e suas concretizações na sala de aula

Nos capítulos anteriores, abordamos os significados atribuídos aos conceitos de 'diálogo' e 'dialogia'; contudo, alguns estudiosos acrescentaram camadas a esses significados quando inseridos em contextos educacionais. Utilizando diversos referenciais teóricos como Vygotsky, Buber, Sócrates, Bakhtin e Freire, Lefstein e Snell (2014), desenvolveram categorias denominadas 'abordagens ao diálogo'. Eles construíram uma argumentação que destaca a principal característica de cada abordagem e a alinha com os objetivos educacionais.

- **Diálogo como interação verbal** – aponta para os aspectos interativos e participativos da comunicação. Essas interações discursivas ocorrem quando um indivíduo se dirige a outros. Nas salas de aula, esta abordagem apela à participação equitativa e opõe-se à tradição monológica em que o professor controla o discurso e o conhecimento;

- **Diálogo como interação de vozes** (Bakhtin) – postula que a linguagem é intrinsecamente dialógica. Portanto, cada enunciado (ou pensamento) está relacionado ao enunciado (ou voz) de outros, aos quais ele responde ou se dirige. Para Bakhtin, os diálogos podem ocorrer entre vozes incorporadas nos textos. O objetivo educativo, neste caso, é fazer ouvir as vozes em jogo;
- **Diálogo como crítica** (Sócrates) – considera a investigação por meio do questionamento como motor para acessar a verdade. A suposição é que a conversa e as tentativas de persuadir e refutar ideias podem desencadear um escrutínio crítico e promover o pensamento no sentido de uma compreensão clara. Nesta visão, duvidar, confrontar e ter a mente aberta são requisitos;
- **Diálogo como pensamento conjunto** (Vygotsky) – enfatiza o papel das interações sociais no desenvolvimento do raciocínio e valoriza atividades mútuas e colaborativas. Nesta perspectiva, o ensino deve oferecer aos alunos oportunidades de serem falantes competentes, praticando o uso da língua de formas específicas para promover a compreensão de conceitos-chave;
- **Diálogo como relacionamento** (Buber) – enfatiza os fatores emocionais e relacionais em jogo durante os encontros interpessoais, que devem ter como base a preocupação mútua e a solidariedade. Ou seja, trata-se de voltar-se ao outro e aceitá-lo, e não fazer dessa interação um meio de promover interesses próprios. O objetivo educativo é ressaltar a ideia de que o cuidado, o respeito e a inclusão visam construir uma comunidade e concretizar a humanidade;
- **Diálogo como empoderamento** (Freire) – reconhece a dimensão política das relações humanas. Defende o questionamento das relações de poder ao mesmo tempo que desenvolve a consciência crítica. Ao valorizar a autonomia, a liberdade, a igualdade e a democracia, o objetivo é capacitar as pessoas para agirem conscientemente no mundo.

Nessa seção, nosso objetivo é exemplificar como essas perspectivas aparecem nas interações discursivas de salas de aula de uma escola bra-

# DIÁLOGO DE SALA DE AULA

sileira. Evidentemente, essa caracterização não é direta ou perfeitamente consistente. O diálogo de sala de aula é aberto, tem fluxos interrompidos e desvios; seria quase impossível classificar uma interação entre professores e alunos de, digamos, dez minutos em somente uma das abordagens apresentadas. Assim, para além de buscarmos uma relação inequívoca entre as abordagens para o diálogo e a prática discursiva de sala de aula, sugere-se que, ao acompanharem as sequências discursivas a seguir, observem o "leve sabor" que elas têm das categorias aqui classificadas. Também foi selecionada, na base de dados de meu projeto de doutorado (gravação de 27 aulas de um 5º ano do ensino fundamental), a sequência discursiva que mais poderia descrever a abordagem do diálogo apresentada. Mais uma vez, poderá haver sobreposição entre as abordagens em uma mesma sequência.

## Diálogo como interação verbal

Nesta categoria, o diálogo tem a função de permitir a explicitação e troca de ideias e voz alta, tornando-as públicas para toda a sala de aula. Destacamos na sequência a seguir um momento em que a professora levanta as primeiras ideias dos alunos sobre o que está acontecendo com uma marca d'água feita pela mão da professora na lousa. Era uma aula sobre evaporação, e a marca d'água estava desaparecendo da lousa. Note que a professora não explora muito as contribuições dos alunos ou encaminha o diálogo para um determinado raciocínio. Por isso, ilustramos essa sequência como interação verbal.

**Sequência 4.1.** Diálogo como interação verbal

1  **P:** Quero que vocês percebam isso aqui...
  **A1:** A mão!
  **P:** Vocês conseguem ver daí?
  **A2:** Consigo.
5  **A3:** Sim.
  **P:** Vou molhar aqui também... Olhem... o quadro... estão vendo?

**As:** Sim!

**A4:** Está secando...

**P:** Vocês vão observar isso, o desaparecimento da água ali... Prestem atenção no que está acontecendo...

**A5:** Hum... está secando...

**A6:** A primeira seca mais rápido...

**P:** Todas vão secar? O que vocês acham?

**As:** Não...

**As:** [*inaudível*]

**P:** Não vai secar...?

**A4:** Vai secar...

**A1:** Vai ficar manchado...

**P:** Vai ficar manchado..., mas a água vai secar?

**A1:** A marca permanecerá...

**A5:** Não vai molhar, mas a marca vai ficar...

**P:** Mas vai secar?

**A1:** Vai.

**A5:** Professora, quando a chuva bate no chão, a água também desaparece, né? Quando seca, né?

**A7:** Se tem mais terra, tem mais barro...

**P:** Tudo bem..., mas, por exemplo, na rua, lá fora, está chovendo e o chão está molhado, né? Essa água também vai sumir, não vai? Onde mais isso acontece, que a água desaparece?

**A5:** Tem, professora, quando a gente abre a torneira e a água cai na pia, ela desaparece também...

**P:** Onde mais?

**A5:** Cabelo...

**P:** Cabelo... quando você lava o cabelo... Ele também seca...

**A2:** Quando você lava suas roupas...

**P:** Quando você lava a roupa e [a] coloca no varal... A água também desaparece; a roupa fica seca, né?

# DIÁLOGO DE SALA DE AULA

## Diálogo como interação de vozes (Bakhtin)

A aula de Ciências teve como tema as doenças respiratórias, e a professora iniciou a sessão de diálogo com um convite aberto sobre as experiências dos alunos: "Vamos falar sobre algumas doenças do aparelho respiratório. Alguém conhece ou tem alguma doença respiratória?".

Ao considerar a dimensão da 'interação de vozes', podemos discutir nesse exemplo até que ponto a voz da professora dominou a sala de aula, vista como uma voz do conhecimento canônico e da autoridade, e em que medida houve a interação com as vozes dos alunos, cuja inspiração foram as suas experiências cotidianas.

Note, por exemplo, que a vida concreta dos alunos está presente quando a professora recebe como respostas muitas doenças respiratórias (asma, sinusite, bronquite, rinite e laringite) e, também, algumas respostas não muito relacionadas ao tema (labirintite, carne esponjosa, catapora e sangramento nasal) ou inesperadas (a perda do seguro saúde privado, quando a mãe do aluno foi demitida). Ao ouvir as vozes reais dos alunos, pode-se reduzir a voz da disciplina e o diálogo pode seguir por caminhos não planejados, o que fez inclusive a professora ter de responder a duas perguntas cuja resposta ela não sabia.

**Sequência 4.2.** Diálogo como interação de vozes

1
    **P:** Alguém conhece ou tem alguma doença respiratória?

    **A1:** Eu tenho sinusite.

    **P:** A sinusite também é uma doença do sistema respiratório. E o que acontece quando você tem a crise de sinusite?

    **A1:** Muita dor de cabeça.

5
    **P:** É? E o seu, Vinícius?

    **A2:** Eu tenho muito. Meu nariz fica muito entupido.

    **A3:** E, às vezes eu sinto uma dor de cabeça.

    **P:** É, a dor de cabeça pode ter a ver e pode não ter, né? E você Fernanda, o que você ia falar?

**A4:** Eu não tenho, mas eu já vi. Minhas amigas têm. Eu acho que é alergia a poeira e pelo.

**P:** Por que você acha isso?

**A4:** Porque sempre quando elas têm contato com poeira e pelo, elas começam a tossir.

**P:** O que você quer falar, Leo?

**A1:** Professora, eu tenho adenoide, eu tenho desvio, tenho rinite atacada, tenho bronquite, tenho tudo.

**P:** Coitado, hein, Leo. Isso aí é...Com uma intervenção cirúrgica pode sanar esse problema. Você tem desvio do septo? É... minha irmã já operou disso. E aí depois ficou tudo bem.

**A1:** [*inaudível*]

**P:** Por quê?

**A1:** Porque eu [*inaudível*] pelo SUS... A minha mãe tinha Unimed, mas aí eu perdi.

**P:** Ah, tá. Por quê?

**A1:** Porque ela foi demitida.

**P:** Ah, entendi. Então... tudo isso aí, asma, bronquite, rinite, sinusite, são doenças do sistema respiratório. Mas tem uma doença, uma doença que é assim... Eu tenho certeza de que todo mundo aqui já teve, inclusive nesse momento de frio.

**A5:** Catapora.

**P:** Não, catapora não é do sistema respiratório. É uma doença que, assim, principalmente nessa época do ano, todo mundo tem. E que é uma doença do sistema respiratório. A gripe!

**A6:** Toma Benegrip que passa [*risos*].

**A4:** A labirintite também é uma doença respiratória?

**P:** Não. A labirintite é uma doença que ataca o labirinto do ouvido, mas eu não sei te falar exatamente como, tá?

**A7:** Eu tenho carne esponjosa!

**P:** Onde que... Normalmente, a gente tem carne esponjosa onde?

**A7:** No nariz.

**P:** No nariz! O nariz não é um órgão do sistema respiratório?

**A7:** Fica saindo sangue. O meu sai sangue. O que faz sair sangue?

DIÁLOGO DE SALA DE AULA

**P:** E ela impede... Eu não sei, às vezes pode fazer com que estourem alguns vasinhos sanguíneos, e por isso que sangra.

**A4:** Eu tenho carne esponjosa e tenho também uma doença chamada amidalite. Eu tirei as amídalas.

**P:** Tá, mas amidalite e carne esponjosa são diferentes. Você me disse que você tem amidalite, a inflamação das amídalas. Aí você foi e tirou. Mas e a carne esponjosa, como você descobriu que você tinha?

**A4:** É muita falta de ar... A gente fica cansado, assim.

No exemplo, os alunos constantemente articulam e comentam algo relacionado a suas vivências e experiências. Quando o diálogo é aberto, os alunos desenvolvem aspectos de sua vida cotidiana, trazendo, portanto, as suas vozes sobre temas relacionados ao assunto da aula.

## Diálogo como crítica (Sócrates)

No diálogo socrático, busca-se a verdade por meio do diálogo e do questionamento crítico, em um processo contínuo e nunca acabado. Nessa dinâmica, o papel de professor-questionador é fazer perguntas aos alunos, com o objetivo de explorar suas ideias, examinar suas crenças, descobrir inconsistências ou contradições, e se aproximar de uma pretensa verdade ou produzir um pensamento mais complexo. Essa abordagem foi talvez a mais difícil de ser selecionada em nossos dados, provavelmente por causa da faixa etária dos alunos (10-11 anos).

Selecionamos o trecho a seguir porque o questionamento intenso da professora faz emergir uma "outra" verdade, isto é, uma nova solução para o problema proposto pela atividade, que não o previsto. Nessa tarefa, os alunos consideraram uma situação – um dilema moral fictício – em que uma pessoa encontrou uma nota de R$ 10 no chão de uma rua e discutiram o que deveria ser feito. Havia duas respostas predefinidas pela atividade, que eles precisavam discutir e justificar. A resposta 1 era "Entregar o dinheiro em algum lugar – mas onde?", e a resposta 2 era "Ficar com o dinheiro – você não conhece o dono".

## Sequência 4.3. Diálogo como crítica

1 **P:** Esse grupo; resposta número 1: A pessoa encontrou o dinheiro no meio da rua. Onde ela vai devolver?

**A1:** Ela pode jogar em algum lugar... em algum mato, na rua....

**P:** Então, a pessoa vai deixar na rua... Ela não pegará o dinheiro?

**A1:** Sim... se o dinheiro foi rasgado, ela pode deixar lá.

5 **P:** E a resposta número 2?

**A2:** Ela pega o dinheiro.

**A3:** Ela não sabe a quem pertence...

**P:** Por que, Ágata?

**A3:** Porque, quando a pessoa desapareceu, como a gente não sabe de quem é o dinheiro, aí a gente pega...

10 **P:** É isso? Então, isso significa que se você encontrar dinheiro e não souber de quem é, você fica com o dinheiro? Mas, não está errado?

**A3:** Não

**A4:** Sim

**P:** Então...

**A4:** É um crime.

15 **A2:** Professor! E o que vamos fazer?

**P:** Hum... alguma sugestão?

**A5:** Devolver no banco.

**P:** Para o banco? Mas... qual banco? Como o banco saberá de quem é o dinheiro?

**A5:** Mas... você precisa saber de quem é?

20 **P:** Não?!? Então... quem perdeu o dinheiro, perdeu?

**A3:** Sim.

**P:** O que mais sobre a resposta número 2?

**A2:** Você não sabe de quem é... É tipo... se fosse um celular, você poderia fazer algum contato, alguma coisa... Mas, dinheiro..., não dá para saber...

**P:** Então... no caso de podermos saber de quem é, ficamos com ele, hum!? E sobre devolver em algum lugar, mas onde?

# DIÁLOGO DE SALA DE AULA

25 **A6:** Devolve o dinheiro... porque ele fica aí... Quando a gente conseguir o dinheiro, a gente pode devolver em algum asilo... para doar, assim...

**P:** Então... você ia doar o dinheiro?

**A6:** Sim

**P:** Por quê?

**A6:** Para melhorar mais o asilo...

30 **P:** Mas e se fosse apenas R$ 1,00?

**A6:** Aí, se fosse R$ 1,00, eu pegaria para mim.

Esse exemplo pode ilustrar parcialmente a abordagem do diálogo como crítica, uma vez que muitas interações da professora visaram desafiar o pensamento dos alunos requerendo justificativas, complementações e provocando contradições. A professora não precisou encaminhar o diálogo para uma direção específica, porque a situação proposta era um dilema moral, sem resposta ou desfecho corretos, uma vez que os alunos podiam fornecer múltiplas razões para pegar ou deixar o dinheiro na rua. A 'nova' verdade (doação) apareceu após o confronto da professora, e, posteriormente, foi consentida pelo restante da sala como a melhor solução para o dilema.

## Diálogo como pensamento conjunto (Vygotsky)

Essa abordagem coloca o diálogo colaborativo como crucial para a compreensão de conceitos por meio da expressão verbal e prática do uso da linguagem. Ao trabalharem em conjunto, os alunos não apenas fortalecem suas habilidades de comunicação, mas também aprendem a trocar ideias, resolver problemas e construir conhecimento de forma coletiva.

Aqui, em uma aula de Matemática, professora e alunos estão resolvendo um problema sobre o total de membros de uma família. A professora escreveu no quadro: "Um casal tem seis filhos, e cada filho tem uma irmã. Quantas pessoas há na família?". A sequência a seguir traz a discussão.

**Sequência 4.4.** Diálogo como pensamento conjunto

1
   **P:** Então, quantos membros existem?

   **A1:** Quatorze.

   **P:** Por que quatorze, Natália?

   **A1:** Porque cada irmão tem uma irmã...

5
   **P:** Hum, e quantos são, então?

   **A1:** Então eram doze, mais o pai e a mãe.

   **P:** Veja o raciocínio da Natália... quem concorda?

   **A2:** Professora, cada criança tem uma irmã?

   **P:** Alguém mais concorda com a Natália que há 14 pessoas na família?

10
   **As:** Sim.

   **P:** Ricardo também concorda que há 6, mais 6, mais 2... Você também...? Gabriel, você não?

   **A3:** Não sei.

   **P:** Quantas irmãs?

   **A3:** Seis.

15
   **P:** Seis mais seis?

   **A3:** Doze.

   **A4:** Mas, professora, eles são todos irmãos!

   **P:** Por que você não concorda, Clara?

   **A4:** Porque é apenas uma irmã.

20
   **P:** E agora, quem concorda que há quatorze pessoas na família?

   **As:** [*inaudível*]

   **P:** Natália, você ainda concorda que são quatorze pessoas?

   **A1:** [*acena com a cabeça*]

   **P:** Não são quatorze, veja a explicação. São seis filhos...

25
   **A4:** [*interrompendo*]... mais uma irmã, porque cada filho só tem uma irmã.

   **P:** Se eles são irmãos, esta irmã...?

   **A4:** Ela é uma irmã de todos eles.

   **A5:** E os pais

   **P:** Ela é irmã de... dos outros seis, não é? E mais...:

30
   **A4:** Os pais.

# DIÁLOGO DE SALA DE AULA

Nessa discussão, a professora alcança um 'pensar conjunto', explicitando o raciocínio dos alunos, e posicionando e coordenando as ideias deles (linhas 7, 9, 11, 20, 21 e 24). O interessante é como a professora organiza o pensamento coletivo ao longo de toda sequência; uma dinâmica notável em qualquer sala de aula. Ela também nomeou os alunos individualmente quando pressionava por consenso ou deixava o conflito claro. Esses movimentos permitiram que o raciocínio circulasse na sala de aula e que as respostas conflitantes fossem contrastadas entre si. Além disso, os alunos puderam se reposicionar. Mercer (2000) cunhou o termo 'interpensamento' para se referir à atividade intelectual conjunta e coordenada que os indivíduos realizam por meio da linguagem.

## Diálogo como relacionamento (Buber)

Sobre o diálogo como relacionamento, desenvolvimento de relações interpessoais, Lefstein e Snell (2014) comentam que é difícil ilustrar essa dimensão com base em breves sequências discursivas. Eles argumentam que essas relações entre participantes são moldadas ao longo de extensos períodos e compreendem fatores que transcendem a interação discursiva. No entanto, Lefstein e Snell ressaltam a importância do respeito, da inclusão e da construção de um clima favorável ao diálogo, ainda que em episódios curtos.

Mesmo cientes desse desafio, selecionamos uma sequência em que a professora intervém para organizar o diálogo. Ainda que a professora exerça poder e autoridade, em vez de empregar uma fala reflexiva, esse episódio ilustra um momento de trabalho com as relações interpessoais. A sequência se refere à aula de Ciências sobre as doenças do sistema respiratório.

**Sequência 4.5.** Diálogo como relacionamento

[1] **P:** Então, quero definir com vocês, primeiramente, quais são as doenças do aparelho respiratório. Como posso definir o que são doenças do aparelho respiratório?

**As:** [*inaudível, todos falam ao mesmo tempo, mas a professora ouve Vinícius falar algo relevante*]

**P:** Pessoal, prontos? Espera lá! Para a gente falar, enquanto um fala, o outro escuta. E, se eu quero falar, eu levanto a mão e aguardo. Quando um fala, o outro escuta. Fala, Vinícius...

**A1** [*inaudível*]

**P:** Alguém concorda ou discorda do Vinícius?

**A2:** Eu não ouvi.

**A3:** Repita.

**P:** Não, espere um minuto, Vinícius! Não repita! Espere um minuto... Quem pode repetir o que Vinícius acabou de dizer?

**A1:** [*inaudível*]

**P:** Quem pode repetir o que Vinícius disse?

**A2:** Ataca os órgãos do sistema respiratório.

**P:** Foi isso que você disse, Vinícius?

**A1:** Mais ou menos...

**P:** Sim. Mais ou menos, mas Vinícius definiu bem. Então, vamos escrever isso...

A professora tenta moldar as relações interpessoais para o diálogo principalmente em dois momentos. Primeiro de forma mais autoritária, como uma repreensão (linha 3), e, posteriormente, de modo mais dialógico e coletivo (linhas 8 e 10). Essa segunda abordagem é mais rara em salas de aula. Note que no trecho quase não há conteúdo disciplinar, pois as interações têm a função de desenvolver as relações interpessoais para o diálogo.

De alguma maneira, os alunos sabem, de antemão, que precisam de alguma autorregulação para participar de um diálogo. Na atividade que realizamos para desenvolver o diálogo em grupo (ver capítulo 3), já na primeira aula os alunos escreveram regras para o diálogo que levavam em conta relações interpessoais ("Prestar mais atenção aos colegas quando eles estão falando", "Ter paciência", "Ter respeito" ou "Não irritar outras pessoas"). Já durante as interações em grupo, foi muito raro encontrarmos interações em que os próprios alunos regulavam suas relações interpessoais ("Ele não deixa a Silvia falar...", "Você também tem que falar..., você faz parte do grupo..." ou "Não chegamos a uma conclusão, vamos discutir mais"). A pesquisa recomenda uma ênfase metacognitiva no trabalho com as relações interpessoais.

## Diálogo como empoderamento (Freire)

O último episódio analisado é oriundo de uma aula de Língua Portuguesa em que a professora trabalhou a leitura e a compreensão de um texto relacionado à Declaração dos Direitos da Criança. Ao longo da aula, a professora discute os significados de uma educação gratuita e de qualidade; no trecho a seguir, o tema é especificamente o sistema público de financiamento da educação.

Nas ideias freirianas, o diálogo como 'empoderamento' reconhece a dimensão política das relações humanas, entendendo-se que questionar as relações de poder e criticar a realidade social promovem o desenvolvimento da consciência dos sujeitos.

**Sequência 4.6.** Diálogo como empoderamento

1     **P:** Um dos princípios da Declaração dos Direitos da Criança garante o direito à educação gratuita e de qualidade. Que direito é esse?

    **A1:** Escola.

    **A2:** Estudar.

    **P:** Escola, estudo... Mas, quando você fala em educação gratuita..., o que você quer dizer?

5     **A3:** Isso é, grátis.

    **P:** Isso: não paga... quer dizer..., não paga mensalidade, né? Você acha que não paga nada para estudar aqui?

    **A3:** Pago.

    **P:** Como?

    **A5:** Uma vez uma menina falou isso... Ela foi na escola e falou: "Mesmo que não me aceitem eu posso ir, porque eu pago IPTU todo mês".

10     **P:** Ah, e o que é IPTU?

    **A1:** É uma cobrança, uma taxa?

    **P:** É uma taxa, um imposto, certo? Você tem que pagar IPTU quando mora em casa. Onde quer que você more, você terá que pagar esse imposto. Também existe o IPVA. IPTU é quando você é proprietário, mora em casa, em apartamento, tem que pagar imposto.

**A1:** IPVA é para pagar carro.

**P:** De carro, certo? Então existem vários impostos que as pessoas pagam?

15 **As:** Sim.

**P:** Não você, que é criança, mas sua família...

**A5:** Sim... todo mundo paga IPTU?

**P:** É... todo mundo que tem casa. Acho que algumas pessoas também pagam quando assinam contrato de aluguel; depende do contrato.

**A5:** Até mesmo sua própria casa?

20 **P:** Principalmente casa própria. Se você é proprietário, você tem que pagar. Todo mundo que tem sua própria propriedade.

**A:** [*inaudível*]

**P:** E... gente... e aí? O que acontece com parte desses impostos que você paga?

**A1:** Vai para a prefeitura.

**P:** Para a prefeitura?

25 **A1:** Para a saúde?

**P:** Uma parte desses impostos é investida em..., em serviços de saúde, educação. Então, indiretamente, você está pagando escola pública, não é?

**A6:** Sim, nós pagamos.

**P:** E a questão da qualidade, o que é essa qualidade? Ou seja... o direito a uma escola gratuita onde não é necessário pagar mensalidade, mas que não é totalmente gratuita. E a qualidade? O que é qualidade para você? Fala, Carlos...

Por último, o diálogo como empoderamento destaca momentos em que se tornam visíveis as questões sociais de privação de direitos e dá voz aos oprimidos. Contudo, dada a faixa etária, os alunos provavelmente tiveram dificuldade em entender, de uma forma profunda, a discussão, que tocou em pontos como impostos, habitação, propriedade e serviços públicos sociais (sistema de saúde e educação) gratuitos e de qualidade. Na continuação do diálogo, não apresentado aqui por falta de espaço, a professora falou sobre alunos de escolas particulares terem facilidade no

DIÁLOGO DE SALA DE AULA

acesso à universidade e abordou explicitamente a questão de justiça social: "E vocês acham que isso é justo? É justo, por exemplo, que só quem estuda em escolas privadas possa concorrer a uma vaga melhor em uma universidade? Quer dizer, quem paga vai aprender mais do que quem frequenta escola pública; isso é justo? O que acontece com o direito de acesso a uma escola de boa qualidade?". E ela mesma responde: "Infelizmente, esse direito não foi cumprido para todas as crianças".

Apesar de ter partido da professora todo o raciocínio a respeito da injustiça social, houve uma crítica explícita no episódio; a professora forneceu informações e promoveu a reflexão, visando ao empoderamento dos alunos para com essa questão.

## *Accountable talk*: os movimentos dialógicos para orquestração do diálogo colaborativo

Um grupo de pesquisadores estadunidenses, a partir da prática de professores, documentou uma série de **movimentos dialógicos** (*talk moves*) que favorecia a participação em sala de aula e o aprendizado (Michaels; O'Connor, 2012; O'Connor, Michaels; 1996). Posteriormente, eles organizaram esses movimentos dialógicos dentro de um quadro teórico, ao qual deram o nome de diálogo responsável (*accountable talk*) que considera três tipos de responsabilizações ou comprometimentos: i) perante a comunidade de aprendizagem; ii) aos padrões de raciocínio; e iii) ao conhecimento.

O comprometimento com a *comunidade de aprendizagem* envolve o respeito e a escuta atenta aos outros, de modo que as contribuições de cada um sejam consideradas. Os participantes têm o direito de falar e se posicionar de modo que todos sejam vistos como colaboradores valiosos na construção do entendimento coletivo.

No caso do comprometimento com os *padrões de raciocínio*, os alunos são orientados a estabelecerem ligações lógicas e obterem conclusões razoáveis sobre os pontos em diálogo e em investigação. No processo, o professor pode identificar erros e equívocos, e, ao elaborarem e compararem suas ideias, os alunos praticam e refinam suas competências de raciocínio. Por último, ser responsável com o *conhecimento rigoroso* convida os participantes a fundamentarem os argumentos em fatos ou fontes avaliáveis em determinado componente disciplinar.

Em síntese, o foco na responsabilidade perante a comunidade de aprendizagem garante a inclusão de todos os participantes na compreensão do tema investigado. Ajudar os outros a compreender envolve parafrasear, reformular, usar exemplos, entre outros. A ênfase nos padrões de raciocínio destaca o pensamento lógico e a capacidade de explicar o pensamento, e, no caso do conhecimento preciso, destaca-se o uso de informações corretas.

Como resultado, do diálogo responsável emerge uma forma de interação discursiva em que os alunos apresentam ideias concorrentes de forma clara e com razões e justificativas, ao passo que ouvem os outros com cuidado, respeito e interesse, e avaliam suas próprias ideias e as dos outros (Michaels; O'Connor, 2012; Sohmer et al., 2009). O ponto central é que as interações discursivas que promovem esse diálogo são facilitadas pelo professor.

Michaels e O'Connor (2015, p. 334) conceituaram os movimentos dialógicos como "ferramentas úteis que ajudam os professores a responder aos desafios específicos que enfrentam na facilitação de discussões". As autoras falam em ferramentas, pois os movimentos do diálogo devem ser fáceis de lembrar e utilizar, e ser aplicados com finalidades específicas. Assim, o papel do professor é criar, por meio desses movimentos dialógicos, uma estrutura de participação na qual os alunos tomam posições ou são reposicionados em relação às ideias dos outros. Essa estrutura exige que os alunos tornem o seu raciocínio explícito, avaliem a ideia dos outros, e induz o alinhamento ou oposição a um argumento (O'Connor; Michaels, 1993, 1996).

O modelo do diálogo responsável estabelece nove movimentos dialógicos, agrupados em quatro objetivos diferentes (Michaels; O'Connor, 2015). Segundo as autoras, os quatro objetivos são necessários e fundamentais para facilitar discussões substantivas e rigorosas. Os objetivos e movimentos dialógicos para facilitar o diálogo em sala de aula apresentados a seguir são adaptados do projeto "Talk Science" (Michaels; O'Connor, 2012).

# DIÁLOGO DE SALA DE AULA

**Objetivo 1** – Ajudar cada aluno a partilhar os seus próprios pensamentos.

Esses movimentos facilitam ao aluno participar do diálogo, porque permitem explicitar e partilhar os pensamentos e respostas em voz alta, de uma forma que seja compreensível para os outros.

1.  Tempo para pensar:
    a.  "Vocês têm dois minutos para pensar sobre o tema".
    b.  "Vocês têm três minutos para conversar com seu colega ao lado sobre a questão".
2.  Diga mais:
    a.  "Você pode falar mais sobre isso?".
    b.  "O que você quer dizer com isso?".
    c.  "Você pode dar um exemplo?".
3.  Refrasear:
    "Deixe ver se eu entendi corretamente: você está dizendo que...?". (Deixando o diálogo aberto para o aluno que fez a colocação concordar, discordar ou completar)

**Objetivo 2** – Ajudar os alunos a ouvirem-se atentamente uns aos outros.

O movimento promove a escuta ativa e organizada, fazendo com que os alunos se reconheçam, uns aos outros, como contribuidores legítimos e relevantes na construção do conhecimento. Assim, promove-se o compartilhamento de ideias e de raciocínio, e não simplesmente que os alunos expressem seus próprios pensamentos de modo desconectado.

4.  Refrasear ou repetir:
    a.  "Quem pode repetir o que o João disse?".
    b.  "Quem pode refrasear, dizer com suas próprias palavras, o que a Mariana acabou de dizer?".

**Objetivo 3** – Ajudar os alunos a aprofundarem o próprio raciocínio.

Mesmo no caso de os alunos expressarem seus pensamentos e ouvirem com atenção as ideias dos outros, o diálogo pode ser superficial se não incluir um raciocínio sólido com razões e justificativas. Assim, o objetivo desse movimento é aprofundar o raciocínio dos alunos.

5.  Explicar: requerer evidência ou razão:
    a.  "Por que você pensou/disse isso?".
    b.  "Como você chegou a essa conclusão?".
6.  Desafiar:
    a.  "Isso sempre acontece desse jeito?".
    b.  "E se...?".
    c.  "Existe alternativa? Outra ideia?".

**Objetivo 4** – Ajudar os alunos a envolverem-se com o raciocínio dos outros.

O último movimento é sobre os alunos se engajarem nas ideias e no raciocínio uns dos outros e se posicionarem e responderem a eles. É nesse movimento que pode ocorrer um diálogo realmente crítico e colaborativo.

7.  Concordar/Discordar e justificativa:
    a.  "Você concorda ou discorda? Por quê?".
    b.  "O que você pensa sobre o que o Carlos falou?".
    c.  "Alguém quer comentar essa ideia?".
8.  Adicionar:
    a.  "Alguém quer complementar essa ideia que a Ana propôs?".
    b.  "Ângela, você pode sugerir alguma coisa para melhorar essa proposta?".
9.  Explicar o pensamento do outro:
    a.  "Quem pode explicar o que a Renata quis dizer?".
    b.  "Por que você acha que o Fabio falou isso?".

Cada movimento tem diferentes funções para atingir um propósito específico, e o objetivo geral é apoiar o raciocínio e a socialização dos alunos em formas produtivas de falar, dialogar e pensar. No mais, o diálogo responsável visa construir relacionamentos em sala de aula com base em uma cultura compartilhada de equidade, respeito e esforço (O'Connor; Michaels, 1993; 2015).

Mas como o uso consciente desses movimentos dialógicos pelo professor aparece na sala de aula? A seguir, apresentamos duas sequências discursivas em que o professor se apoia nos movimentos dialógicos para promover o diálogo colaborativo. O primeiro exemplo é extraído da literatura,

# DIÁLOGO DE SALA DE AULA

e o segundo de uma aula de Ciências em que eu atuei como professor; neste último, indicamos o objetivo atrelado ao movimento dialógico utilizado.

**Sequência 4.7.** Movimentos dialógicos na aula de Matemática (O'Connor; Michaels, 2007)

1    **P:**   Paulo, 24 é par ou ímpar?

     **A1:**   Bem, se usarmos 3, 24 pode ser transformado em 3, e 3 é ímpar. Então... 24 é..., mas 3 é ímpar. Então, se é ímpar, ele não é par.

     **P:**   OK, deixa ver seu eu entendi. Você está dizendo que 24 é um número ímpar?

     **A1:**   Sim, porque pode virar 3. Por que 24 dividido por 3 é 8.

5    **P:**   Alguém pode repetir o que Paulo disse em palavras próprias? Ana?

     **A2:**   Hum, eu acho que posso. Eu acho que ele disse que 24 é ímpar porque ele pode ser dividido por 3 sem resto.

     **P:**   Foi isso o que você quis dizer, Paulo?

     **A1:**   Sim.

     **P:**   Joana, você concorda ou discorda do que Paulo acabou de dizer?

10   **A3:**   Bem, eu tipo... eu discordo.

     **P:**   Você pode nos dizer por que discorda? Qual o seu pensamento?

     **A3:**   Porque ontem aprendemos que podemos dividir números pares por 2. E podemos dividir 24 por 2, dá 12. Então, 24 não deveria ser par?

     **P:**   OK, então temos duas ideias aqui. Paulo, você estava falando que 24 é ímpar porque você pode dividir por 3 sem resto, certo? E Joana, você estava falando que 24 é par porque você pode dividir por 2 sem nenhum resto, certo? OK, então quem mais pode complementar?

Observe como os alunos apresentam suas ideias concorrentes de forma clara e com justificativas, ouvindo os outros com cuidado, respeito e interesse, e avaliando suas próprias ideias e as dos outros. No modelo do diálogo responsável, os idealizadores enfatizam particularmente a importância do movimento de refrasear (*revoice*), que permite aos alunos tomarem posições e serem reposicionados em relação às ideias dos outros, bem como exigir a explicitação do seu raciocínio ou o alinhamento ou oposição a um argumento, o que, ao final, promove a participação e a aprendizagem dos alunos.

No exemplo a seguir, apresentamos uma interação ocorrida durante uma aula *on-line* de Ciências sobre o famoso experimento do feijão. Os alunos tinham plantado os feijoeiros havia duas semanas, e, nessa terceira aula, o professor discutia com eles a função dos cotilédones e da nutrição das plantas. Na interação da sequência 4.8, após cada turno de fala do professor, indica-se o movimento dialógico que mais bem descreve a função discursiva pretendida.

**Sequência 4.8.** Movimentos dialógicos na aula de Ciências

1   **P:**  É... vou pedir para Ana me falar... Ana, o que você   **2.** Diga mais
acha que acontece nessa planta pequenininha
[feijoeiro] quando a gente corta os cotilédones?

**A1:**  Ela não sobrevive...

**P:**  Você acha que ela vai morrer?   **3.** Refrasear

**A1:**  Aham...

5   **P:**  E o Rafael? O que você acha sobre o que a Ana   **7.** Concordar
disse? Acha que vai acontecer isso mesmo quan-
do cortamos o cotilédone ou aconteceria uma   **6.** Desafiar
coisa diferente?

**A2:**  Depende... eu acho... do local que ela está... Porque se ela não começar com o tanto de nutrientes, ela vai, consequentemente, talvez, morrer ou
demorar muito para crescer.

**P:**  Hum... é uma boa pista! Por que você acha que   **5.** Explicar
ela pode viver, mas demorar para crescer?

**A2:**  Porque ela não tem uma fonte de alimento inicial.

**P:**  E de onde ela tiraria o alimento, se não tivesse   **6.** Desafiar
mais os cotilédones?

10   **A2:**  Ah... de onde ela foi plantada...

# DIÁLOGO DE SALA DE AULA

**P:** Hum, muito bom! Então a ideia do Rafael é: ela pode morrer; mas, se ela estiver em uma terra bem adubada, se ela estiver com bastante luz e bastante água, de repente, ela pode tirar esses nutrientes desses lugares e não precisar do cotilédone, né? — **3.** Refrasear

E... Renata. O que você achou da fala da Ana e do Rafael? — **7.** Concordar

**A3:** Eu acho que vai por aí mesmo... Ela pode morrer ou sobreviver através da fotossíntese...

**P:** Tá... e no caso de ela sobreviver... O que você acha... daria ou não daria alguma diferença entre os feijoeiros que ficaram com os cotilédones? — **5.** Explicar

**A3:** Eu acho que não iam desenvolver tão rápido e não iam crescer muito...

15 **P:** Bom... então ele [o feijoeiro] poderia viver, pegando os nutrientes de outros lugares, mas iria afetar o crescimento dele de alguma maneira, ele não ia crescer muito... é isso? — **3.** Refrasear

Os movimentos dialógicos incitaram os alunos a apresentarem justificativas para suas ideias e avaliarem as ideias uns dos outros. Na maior parte das falas dos alunos, existe uma proposição ou conclusão e um raciocínio que justifica essa colocação, o que mostra uma estrutura argumentativa. Além disso, na maioria das falas apresenta-se uma possível evidência, que seria testada em um experimento posterior. Esses elementos podem caracterizar um discurso argumentativo, ainda que simples.

## Discurso exploratório e discurso elaborado: uma distinção importante para o aprendizado em sala de aula

Quando abrimos espaço para os alunos se expressarem em nossas salas de aula, principalmente os do ensino fundamental, pode ser comum ocorrer uma sensação de frustração ao analisar a "qualidade" de sua fala inicial. No entanto, é usual os alunos contribuírem com aspectos distantes do tema central do conteúdo disciplinar no diálogo ou elaborarem falas que não conseguimos compreender. Esse tipo de discurso foi destacado e nomeado por Douglas Barnes (1976) como discurso exploratório.

Em particular, Barnes diferenciou o **discurso exploratório** (em uma tradução livre, a partir de *draft talk* ou *exploratory talk*) do **discurso elaborado** (*final talk* ou *presentational talk*). No discurso exploratório, o orador está no processo de construção de seus pensamentos em voz alta, experimentando ideias e organizando novas informações. Esse tipo de fala pode ser caracterizado por hesitação, fragmentação, "becos sem saída" e mudanças de direção. Por isso, ele pode causar frustração para um ouvinte que gostaria de receber uma explicação clara, completa, bem fundamentada e correta. Contudo, Barnes adverte que se trata de um discurso importante para o aprendizado, visto que é o momento em que o aluno está tomando uma posição ativa na produção do conhecimento. Em alguma medida, trata-se do próprio processo de aprendizagem, de formulação e organização do pensamento, e não um processo de comunicação direta e objetiva.

O discurso elaborado, ao contrário do exploratório, em geral traz contribuições verbais com raciocínio completo, finalizado, organizado, fundamentado e com linguagem precisa. Nessa construção quase não há pensamento "vivo", isto é, com ideias em processo de formulação, mas ideias já refletidas, analisadas e julgadas; são comuns, por exemplo, em palestras, em que o foco é fornecer informações e persuadir os ouvintes. Nesse sentido, o orador "já aprendeu" o que está apresentando. Barnes destaca a importância de reconhecer o valor do discurso exploratório e trabalhar sobre ele para orientar os alunos no processo de aprendizagem.

Capítulo 5

# A CONSTRUÇÃO DE EXPLICAÇÕES CIENTÍFICAS: UMA TIPOLOGIA PARA A SALA DE AULA

## O papel da linguagem no ensino de ciências

Nos últimos trinta anos, muitas investigações centraram-se no papel da linguagem na educação em geral, e no ensino de ciências, em particular, desenvolvendo-se sob os termos de construção de significado ou da argumentação na sala de aula. Essa conceitualização levou à mudança de uma metáfora que trata a aprendizagem como 'aquisição' para uma que enfatiza a 'participação' (Sfar, 1998); os alunos deixam de ser vistos como meros receptores de informação e passam a ser considerados cientistas novatos (Gil-Pérez, 1996).

Assim, recomenda-se que os alunos tenham oportunidades de se envolverem em atividades baseadas em investigação que simulem pesquisas científicas autênticas (Roth; McGinn, 1998). Nesse sentido, a educação em ciências é colocada como uma cultura que os alunos devem apropriar, isto é, devem agir, interagir, pensar, discutir e julgar usando as ferramentas e os métodos da ciência (Tobin, 1998). Uma visão semelhante é defendida por Lemke (1990) e Driver *et al.* (1994), ao argumentarem que a aprendizagem de ciências é um processo de 'socialização' no qual os alunos aprendem como participar em uma comunidade com práticas, inclusive discursivas, distintas. Lemke expressou a amplitude dessa visão ao propor fazer ciência por meio da linguagem/discurso, em que *falar ciência* compreenderia um conjunto de ações cognitivo-discursivas relacionadas à atividade científica.

Essas ideias baseiam-se na formulação vygotskiana da relação interligada entre pensamento e linguagem, segundo a qual uma forma de falar é mais do que a organização de palavras para comunicar – por exemplo, descrever o conhecimento para transmissão –, mas uma característica intrínseca da forma de pensar. Isso porque a linguagem cria estruturas conceituais e carrega uma dimensão interpretativa que resulta na construção de significado (Evagorou; Osborne, 2010; Sutton, 1998). Como efeito, temos que o pensamento científico emprega uma quantidade razoável de abstração que é alcançada pela linguagem científica ao permitir a representação hierárquica de entidades imaginadas (Evagorou; Osborne, 2010; Hodson, 2009).

Com base nessa perspectiva, a investigação educacional tem caminhado mais recentemente para o que tem sido chamado de 'virada dialógica', sendo desenvolvida no contexto da sala de aula por meio de práticas de uso intensivo do diálogo. Assim, se durante muitos anos o ensino tradicional de ciências reforçou definições textuais baseadas em termos fixos e relações algébricas, agora se indica que professores devem orientar os alunos sobre o papel da linguagem e dar-lhes oportunidades para discussões mais prolongadas durante as aulas. Esses momentos discursivos são essenciais para que os alunos escolham as palavras adequadas, pensem sobre seus significados e relações e aprendam a raciocinar no campo da ciência.

## Ensinar e aprender Ciência pelo diálogo

O apelo a mais interações discursivas nas aulas de ciências baseia-se em dois aspectos principais. O primeiro é que a 'diferença' que emerge nas discussões é o que impulsiona as explicações: "quando as pessoas diferem nos seus entendimentos, há necessidade de explicarem as suas ideias umas às outras" (Ogborn *et al.*, 1996, p. 20). O segundo aspecto aponta que o uso extensivo da interação discursiva pode possibilitar o entrelaçamento de discurso e conteúdo. No caso da argumentação científica, isto define a "coordenação de evidência e teoria para apoiar ou refutar uma conclusão

DIÁLOGO DE SALA DE AULA

explicativa, modelo ou previsão" (Osborne *et al.*, 2004, p. 995). Portanto, os alunos podem aprofundar a sua compreensão e desenvolver um pensamento além da observação de fatos e da memorização ao explorarem interpretações concorrentes e fornecerem ideias mais elaboradas ou justificadas.

Ao tornar públicas as ideias dos alunos, o professor pode identificar e atuar sobre conceitos errados ou entendimentos parciais, destacar o uso de palavras científicas mais adequadas, e guiar o processo de raciocínio. Além disso, os professores podem ajudar os alunos a construírem conceitos abstratos e generalizar o conhecimento segundo leis e princípios gerais, o que dificilmente é alcançado espontaneamente (Edwards; Mercer, 2012; Mortimer; Scott, 2003). Por fim, nota-se que a adoção de uma orientação investigativa no currículo contribui positivamente para o discurso em sala de aula, que se torna mais dialógico quando os alunos têm os seus próprios resultados ou ideias para relatar.

## O que é uma explicação científica?

Construir explicações sobre o mundo natural talvez seja a tarefa mais basilar da Ciência, um tipo de elaboração que relaciona *o que* se conhece, *como* se conhece e a relação *causal* entre os fatores envolvidos no fato, evento ou fenômeno explicado (Ogborn *et al.*, 1996). Embora existam vários tipos de explicações, a ciência escolar é povoada por explicações causais, isto é, se teoriza sobre as causas de um fenômeno observável. Assim, em uma explicação, geralmente se tem duas proposições – causa e efeito – justapostas por um conectivo lógico – 'porque', 'portanto', 'por causa de', entre outros.

Enquanto construção mais simples, uma explicação tem base em fatos amplamente descritivos: "as explicações consistem em um subconjunto de descrições em que novas entidades ou propriedades são trazidas à existência ou inventadas para fornecer uma explicação causal" (Osborne; Patterson, 2011, p. 629). De fato, os termos 'descrever', 'definir' e 'explicar', embora distintos, são usados de maneira semelhante na ciência escolar (Horwood, 1988). Contudo, a função de uma explicação é construir uma sensação de maior compreensão: "Uma explicação tem uma função esclarecedora dentro de um diálogo, no sentido de que o destinatário deveria passar a compreender algo melhor como resultado da explicação" (Asterhan; Schwarz, 2009, p. 377).

Nas salas de aula, o objetivo de aprofundar o conhecimento das explicações científicas aparece de duas formas: em seu fornecimento ou em sua construção. A primeira encontra-se frequentemente nas vozes dos professores, que fornecem explicações sobre o mundo natural com base na perspectiva acordada pela comunidade científica. Nesse sentido, as explicações descrevem fenômenos naturais orientados por normas disciplinares. A segunda ocorre quando os alunos constroem as suas próprias explicações durante as atividades propostas, que, se forem investigativas, geralmente despertam a elaboração de hipóteses.

Pode-se reconhecer uma similaridade entre **explicação** e **argumentação**, observando que elas podem ocorrer de forma intercambiável, mostrar estruturas sintáticas semelhantes e fundir os mesmos elementos, como proposição, evidência e justificação (Asterhan; Schwarz, 2009; Osborne; Patterson, 2011). Ao contrário da explicação, a argumentação é orientada para a validação e a justificação; e sua resolução em geral envolve persuasão, ou seja, aceitação ou refutação de um ponto de vista ou tese. Por sua vez, na explicação, o ponto de vista ou tese ainda está em construção, e sua função é o desenvolvimento da compreensão, a elaboração e o esclarecimento, que podem ser vistos como atos anteriores à argumentação.

## O que é uma explicação científica na sala de aula?

Esta seção destaca um estudo qualitativo em aulas de ciências do ensino fundamental (anos iniciais) que identificou as formas com que professores e alunos constroem explicações científica por meio do diálogo. Assim, o foco está no processo de construção de uma explicação na ciência escolar, e não na descrição de como é uma explicação na sua forma final e completa.

A tipologia descrita a seguir surgiu de três aulas de ciências sobre evaporação; duas delas tiveram momentos de trabalho em grupo explorando a evaporação por meio de observações, e a última aula incluiu uma apresentação do modelo de partículas aos alunos. Em todas as aulas, esperava-se

# DIÁLOGO DE SALA DE AULA

que os alunos construíssem explicações à medida que respondiam a várias perguntas do tipo *por quê?*. Cada aula incluiu um experimento a ser analisado e as folhas de atividade, que traziam muitas questões para desencadear a elaboração de explicações e o desenvolvimento de uma visão científica.

Em vez de discutir se a construção de professores e alunos é uma explicação ou não, optamos por apresentar e comentar as 'formas' como as explicações de fato emergiram do diálogo de sala de aula. Os resultados foram divididos em **enunciados explicativos** e **sequências explicativas**; isto é, quando a explicação ocorre em um turno de fala de um aluno, em geral ao responder uma pergunta, ou quando a explicação é construída por alguns alunos em interação com o professor.

## Enunciados explicativos

Esta seção discute três categorias de explicações que surgiram dos dados no nível do enunciado e as ilustra com exemplos e comentários. A pergunta que motivou o enunciado explicativo do aluno está incluída nos exemplos. Cada exemplo é seguido por um comentário com maior elaboração sobre a categoria.

Apesar de não ser considerada uma explicação completa, *descrição* foi empregado para rotular formas embrionárias de explicação nas quais os alunos elaboraram suas observações. A *especulação* enquadra declarações nas quais os alunos explicaram o que aconteceria sobre o resultado de um experimento, ou seja, imaginando e explicando sobre o efeito ao invés da causa que era dada. A terceira categoria tratou da *elaboração de hipóteses*, quando os alunos desenvolveram explicações com foco na causa do fenômeno. Por exemplo, quando convidados a responder *por que* e *como* a água evapora, os alunos formularam construções que pareciam uma sugestão de causa ligada a um efeito dado como certo – no caso, o desaparecimento da água.

Os exemplos abaixo explicam e ilustram essas tipologias. A pergunta do professor (P) que desencadeou a explicação e a resposta do aluno (A) são transcritas literalmente. Para cada categoria apresentamos três exemplos.

## Descrição

A descrição envolve a tradução de uma observação em palavras, destacando relevâncias e tornando explícitas as primeiras associações. Os termos científicos, às vezes, são usados como jargão, aparentemente sem muita compreensão. As associações de causa–efeito geralmente são feitas com base em observações experimentais, e a descrição apareceu mais frequentemente quando os alunos respondiam a perguntas do tipo o *quê?*.

1.  "P: O que está acontecendo?"
    "A: A marca d'água está desaparecendo. Já se foi. Secou".
    <u>Comentário</u>: A professora marcou a lousa com a mão levemente molhada e pediu aos alunos que observassem o que aconteceria. Eles notaram que a marca d'água desapareceu e compartilharam seus pensamentos em voz alta. Assim, em alguma medida, eles explicaram /descreveram o que observavam e pensavam.

2.  "P: O que aconteceu?"
    "A: A vela esquentou e saiu o cheiro do perfume."
    <u>Comentário</u>: Aqui, uma associação clara foi feita por meio da observação. A professora colocou uma vela embaixo de um pratinho com perfume, e a aluna percebeu que o cheiro se intensificou, associando esses dois fatores. Isto foi considerado uma explicação porque dois fatos estavam correlacionados – causa e efeito –; nesse caso, com um conectivo aditivo. Pode-se argumentar que foi "apenas" uma descrição do que ocorreu no experimento.

3.  "P: O que está acontecendo?"
    "A: A marca d'água está evaporando."
    <u>Comentário</u>: Esse exemplo demonstra outra forma de responder à mesma pergunta do primeiro exemplo, sobre o desaparecimento da água. Porém, em vez de usar palavras como "desaparecer" ou "secar", o aluno utilizou o termo 'evaporação', que sintetiza uma compreensão específica do fenômeno. A frase "está evaporando" pode ser entendida como uma explicação se o aluno se refere ao significado científico, mas poderia ter sido empregada como um jargão com significado vazio. Sem mais informações por parte do aluno, não é possível qualificar melhor esse breve enunciado.

DIÁLOGO DE SALA DE AULA
109

### Especulação

Nesta categoria, os alunos previam o efeito de uma situação desconhecida sem ainda observar o fato estabelecido. Essas construções envolvem uma elaboração de causa–efeito com uma inferência sobre o possível efeito. A reflexão se aproxima de um jogo de adivinhação, trazendo para a sala de aula algumas possíveis soluções de causa ou efeito, às vezes explicando o raciocínio por trás disso.

4. "P: Por que não haverá mais poças amanhã?"
"A: Porque evapora."
Comentário: Nesta construção, o aluno proferiu quase a mesma resposta do exemplo 3; entretanto, neste caso, a pergunta *por quê?* pode ter levado ao uso do *porque* como conectivo. Causa e efeito foram associados, mas o efeito não ficou explícito na resposta porque ele foi declarado na pergunta: a poça não estaria na rua no dia seguinte (efeito) por causa da evaporação (causa). Novamente, sem uma maior compreensão do que o aluno quis dizer com "porque evapora", é difícil argumentar que ele estava realmente explicando.

5. "P: Como poderíamos fazer o cheiro do perfume sair mais forte?"
"A: Adicionando mais perfume e agitando."
Comentário: A resposta parece um palpite ou sugestão, mas note que os alunos não tinham certeza sobre o desenvolvimento da situação e foram convidados a pensar sobre as causas e produzir o efeito de aumentar a intensidade do cheiro do perfume. Como parte da linha de raciocínio havia aparecido na pergunta, as respostas dos alunos devem ser lidas como "Podemos fazer com que o perfume saia mais forte (efeito) adicionando perfume e agitando o pratinho (causa)". Essa contribuição de duas palavras ("adicionar" e "agitar") esconde uma especulação, uma explicação, sobre o que aconteceria na experiência.

6. "P: Seca mais rápido em local úmido ou seco?"

"A: Em local seco porque, se for em local úmido, vai absorver a umidade do ar e vai molhar novamente."

Comentário: A professora fez essa pergunta ao obter a resposta de um aluno sobre os fatores que poderiam melhorar a secagem das roupas lavadas. Embora a pergunta exigisse que o aluno escolhesse entre duas opções, a resposta forneceu uma linha de raciocínio, explicando por que os locais secos eram melhores do que os locais úmidos. Curiosamente, o aluno escolheu locais secos, mas explicou o porquê de os locais molhados serem inadequados. Ele especulou que as roupas absorveriam umidade (causa), o que dificultaria a secagem das roupas (efeito).

### Hipótese

O ponto nesta categoria é uma clara relação de causa–efeito: parte de um efeito estabelecido sobre o qual os alunos apresentam fatores causais que poderiam explicar o processo ou resultado em andamento. Os conectivos lógicos podem não estar necessariamente presentes, mas são mais frequentes do que nas outras duas categorias. Normalmente, o efeito é destacado nas perguntas dos professores, e os alunos não o repetem em suas respostas. Nesta categoria, encontramos o uso de muitas entidades científicas, como 'calor', 'vapor' ou 'ondas'. Eles foram usados para explicar a causa subjacente.

7. "P: Em uma poça?! A água desaparece? Como isso acontece?

"A: O sol bate e a água evapora; depois seca."

"P: O que é evaporação?"

"A: É quando o calor aquece a água e a faz evaporar."

Comentário: Neste exemplo, a evaporação é associada ao Sol ou ao calor, o que explicaria o desaparecimento ou evaporação da água. As causas da evaporação foram mencionadas sem maiores explicações. Nenhuma das perguntas são do tipo *por quê?* e as respostas não empregaram conectivos lógicos.

# DIÁLOGO DE SALA DE AULA

8. "P: Qual é o papel do vento? Por que o vento seca a água?"

"A: Porque sacode a toalha. O vento bate na roupa... joga a água da roupa."

Comentário: Neste exemplo, o aluno construiu uma explicação destacando o fator causal (o vento) e raciocinando com base em suas características. Com a colisão, o vento joga água para fora das roupas, secando-as. Mais do que plausível, isto está de acordo com uma explicação científica. Não sabemos o que o aluno está realmente pensando: se a água (líquido) estava pingando da toalha ou se a água (vapor) fosse afastada da superfície. Somente este último seria considerado um mecanismo de evaporação. De qualquer forma, o aluno incluiu extensão explicativa. Como dito anteriormente, o efeito não apareceu nas falas do aluno, mas era presente na pergunta. Por esse motivo, a palavra 'porque' dificilmente é posicionada no meio da frase.

9. "P: Por que isso está acontecendo?"

"A: As ondas de calor produzem vapor porque, quando a luz reflete as ondas de calor, elas secam e formam vapor."

Comentário: Esta construção relacionou algumas entidades científicas, elementos invisíveis ou imateriais do mundo científico que servem de base para o aprofundamento de uma explicação, e estabeleceu uma explicação estruturada. Primeiro, o aluno afirmou que a água iria secar e formar vapor, possivelmente pretendendo dizer que ela se transformaria em vapor e secaria por causa disso. Esse efeito está no final da frase. Segundo, a causa são as ondas de calor que vêm 'com' a luz. Não conseguimos compreender cientificamente a proposição "a luz reflete ondas de calor". Pode-se supor que, quando a luz é refletida, ela se transforma em ondas de calor. Embora confusa, essa explicação talvez possa ser considerada o melhor exemplo de explicação científica das aulas. Por exemplo, foi aquela que relacionou mais entidades científicas e utilizou explicitamente um conectivo lógico para conectar causa e efeito. Finalmente, o aluno expressou essa explicação com muita confiança, sem hesitação, e não como uma sugestão. Dentro de uma estrutura conceitual, as entidades geralmente funcionam como fatores causais que permitem ao explicador avançar na explicação.

## Sequências explicativas

Nesta seção vamos considerar as explicações que foram construídas como uma atividade coletiva entre professores e alunos. Cinco tipos de sequências explicativas foram identificados e organizados em três amplos atos discursivos, a depender se os professores estavam *explorando, guiando* ou *fornecendo* uma explicação. Enquanto *explorar explicações* envolve avançar, ampliar e acrescentar às ideias dos alunos, *guiar explicações* tem a marca de estas serem orientadas em direção à explicação científica, incluindo um esforço do professor para o uso dos termos científicos com precisão. Essas duas categorias foram subdivididas em quatro tipologias mais granulares. Por fim, *fornecendo explicações* rotula as sequências em que o professor entrega uma explicação aos alunos.

O leitor pode não encontrar uma distinção clara e direta entre as sequências explicativas; de fato, as interações discursivas reais de sala de aula têm enunciados não planejados, desvios e fluxos descontrolados, que tornam difícil enquadrar as sequências em uma única categoria. Assim, os tipos de sequências explicativas definidas a seguir não devem ser considerados puros.

### *Explorando explicações por meio do confronto*

Nesta tipologia, a professora explorou as respostas dos alunos por meio do confronto. Ao basear-se em uma situação cotidiana, ela desafiou os pensamentos dos alunos sobre o papel do Sol e do vento como principais fatores que influenciam a evaporação da água (Sequência 5.1). A professora disse que algumas roupas molhadas em seu apartamento secam durante a noite, sem Sol ou vento. Observe que ela não usou perguntas para explorar o raciocínio dos alunos. Até certo ponto, ela estabeleceu uma nova evidência ou fato ao afirmar que as roupas podem secar – e a água pode evaporar – sem os fatores considerados pelos alunos. Esse movimento foi produtivo na expansão das ideias dos alunos: eles consideraram o efeito do gotejamento da água e do calor na secagem das roupas. O 'calor' não foi realmente expresso, mas os alunos perceberam que o ambiente poderia estar 'quente' sem o Sol.

DIÁLOGO DE SALA DE AULA

O gotejamento de água foi uma solução justa para esclarecer o fenômeno (a secagem das roupas), mas não explicou a evaporação da água. Cientificamente, o adjetivo 'quente' é utilizado pelos alunos para caracterizar o ambiente onde as roupas foram colocadas para secar, uma generalização ao conceito de calor ou energia que foram abordados posteriormente. Mesmo assim, os alunos se engajaram e apreenderam a situação proposta pela professora, e elaboraram uma solução reposicionando o papel do Sol.

**Sequência 5.1.** Explorando explicações por meio do confronto

1   **P:** Muitos grupos disseram: Sol. Será que a água não evapora à noite...

   **A1:** Evapora.

   **A2:** Por causa do vento, que evapora.

   **P:** Se você deixar uma toalha... Por exemplo... eu moro em apartamento. Se deixo a toalha pendurada no varal à noite, fecho a janela porque tenho medo de entrar bicho. Aí fecho.

5   **A3:** Não há vento.

   **P:** Não tem por quê; fechei a janela. Eu sei que minha toalha seca durante a noite.

   **A4:** Porque a água vai pingar.

   **A3:** Não há Sol, nem vento...

   **P:** E a água não evapora, então? A toalha seca!

10   **A1:** Porque está quente.

   **P:** O que está quente?

   **A1:** Não, não esquenta. Vem um pouco de vento quente. Aqui vai...

   **P:** Mas de onde vem o vento quente?

   **A4:** Professora. Acho que a toalha seca à noite, mas sem vento e sem Sol. Acho que seca porque junta muita água durante o dia e a água vai pingar.

Essa sequência ilustra os enfrentamentos e desafios colocados pela professora, com ou sem o uso de perguntas (linhas 1, 4, 6, 9 e 13), mas que claramente convidam os alunos a expandirem suas ideias. A professora desencadeou o confronto recorrendo a uma nova situação e fazendo convites

# 114

DIÁLOGO DE SALA DE AULA

para a reflexão. Essa estratégia se configura como uma "fuga" de longas sequências de perguntas e respostas e indica como a oposição pode promover explicações.

## Explorando explicações por meio de questionamentos

Outra forma de explorar as explicações dos alunos foi por meio do questionamento contínuo. Na sequência explicativa a seguir (Sequência 5.2), a professora pronunciou cinco turnos de fala, todos eles com perguntas – sendo muitas perguntas do tipo *por quê?*. O assunto era o experimento da chuva e a professora fez perguntas que sinalizavam os elementos relevantes ou que suscitavam elaborações sobre as causas ou os processos subjacentes ao fenômeno (linhas 5, 7 e 9). A sequência foi eficaz para construir uma explicação para o experimento. Se juntarmos as contribuições dos alunos e as reorganizarmos, podemos entender o seguinte: 'Choveu dentro do copo porque a água evaporou, virou gás e voltou ao estado líquido quando o gás esfriou em contato com os cubos de gelo'. Este trecho veio do final da terceira e última aula, quando os alunos já haviam trabalhado com todos esses conceitos.

**Sequência 5.2.** Explorando explicações por meio de questionamentos

1   **P:**  Vamos voltar aqui, olha. Vamos voltar aqui para pegar o folheto. Agora que fizemos o experimento, vamos responder às questões 6 e 7. O que aconteceu dentro do vidro? Vocês conseguem explicar?

   **A1:**  Choveu.

   **P:**  Choveu. Quem me explicaria por que choveu?

   **A2:**  A água estava no estado líquido, evaporou, ficou gasosa, e voltou ao estado líquido.

5   **P:**  Por que ela volta ao estado líquido?

   **A3:**  Por causa da temperatura.

   **P:**  Temperatura. Então choveu no vidro. Por que choveu?

   **A4:**  O gelo esfriou as gotículas de gás.

   **P:**  Porque lá em cima, onde está o gelo... [?]

10  **A4:**  Está frio, e dentro do copo está quente.

# DIÁLOGO DE SALA DE AULA

Pode-se dizer que houve alguma orientação nessa sequência. Na verdade, a professora não rejeitou nenhuma resposta nem reforçou as corretas. Além disso, o último movimento da professora continha uma elicitação bastante sugerida para destacar o papel da transferência de calor. Contudo, ao mesmo tempo, houve uma orientação suave: as perguntas da professora *permitiram* respostas bastante abertas e extensas, refletindo sobre o processo físico. Assim, defendo que "explorar" foi o padrão mais evidente nessa sequência.

### Guiando explicações por meio do estreitamento de respostas

Aqui, a sequência explicativa ilustra o uso excessivo da elicitação (causar o aparecimento de; fazer com que algo passe a existir; provocar) de respostas por meio de fortes 'dicas' (Mercer, 1995) ou do questionamento socrático (Roth, 1996). Isto é, o uso de muitas perguntas limitantes que restringem o discurso a uma linha estreita de raciocínio. Nesses casos, os alunos só precisam dar uma resposta curta de uma ou poucas palavras para seguir a explicação do ponto de vista científico correto. No exemplo (Sequência 5.3), professora e alunos estavam comparando a evaporação da água e do perfume. Como os alunos não conseguiam ver ou sentir a água evaporando, o perfume cumpria o papel de mostrar que algo estava saindo da água e se espalhando pelo ar. A professora desenvolveu o raciocínio demostrado a seguir.

**Sequência 5.3.** Guiando explicações por meio do estreitamento de respostas

1 **P:** Tipo a fumaça saindo do arroz, né! E... por que eu trouxe esse experimento de perfume aqui? O que há de semelhante no desaparecimento da marca da mão na lousa e do perfume?

  **A1:** Ambos evaporaram.

  **P:** Os dois evaporaram... Nós vemos isso acontecendo?

  **A2:** Sim.

5 **P:** Se eu colocar um copo d'água... você "VÊ" isso acontecendo?

  **A2:** Não.

**P:** Ver, a gente não vê. Essas partículas são minúsculas, são invisíveis. Então... por que eu trouxe o perfume?

**A1:** Para podermos sentir isso.

**P:** Quando o líquido do perfume evapora, quer dizer que a partícula do perfume, a partícula que tem o cheiro, que estava aqui no líquido, ela vira... [?]

10 **A3:** Vapor.

**P:** E aí... quando vira vapor, o que pode fazer?

**A4:** Isso nos faz sentir o cheiro.

**P:** Pode se espalhar...(?)

**A3:** E cheirar.

No terceiro turno de fala da professora (linha 5), ela usou uma entonação forte ("VÊ") para rejeitar a resposta de um aluno. No seu movimento seguinte (linha 7), ela reforçou a resposta certa com uma justificativa: "Ver, a gente não vê. Essas partículas são minúsculas, são invisíveis", e perguntou sobre o motivo de trazer o perfume para a sala de aula. Sabendo que o efeito visual não era a resposta, um aluno discutiu sobre a percepção olfativa.

Embora essa fosse uma pergunta do tipo *por quê?*, havia tanta indicação no convite feito pela professora que a resposta correta era tida quase como certa. Então, na linha 9, a professora desenvolveu uma explicação bastante completa, deixando apenas uma palavra final não dita para a conclusão do aluno – "vapor". Tendo a resposta esperada, ela prosseguiu com a explicação relacionando o vapor, o cheiro e sua propagação pela sala. Foi uma construção explicativa, apesar da linha de raciocínio estreita e indutora que a professora seguiu.

A sequência não mostra uma exploração ou um aprofundamento das ideias dos alunos. Em vez disso, pode-se dizer que a professora tinha objetivos claros e tentou alcançá-los junto com os alunos. Pode-se inferir que eles conseguiram compreender a analogia comparativa entre a evaporação da água e do perfume e enfatizar uma explicação microscópica do processo de evaporação. Os alunos contribuíram com poucas palavras para o diálogo, mas, aparentemente, seguiram a linha de raciocínio da professora.

## DIÁLOGO DE SALA DE AULA

### *Guiando explicações por meio de questionamentos*

Nesta categoria, podemos perceber dois aspectos já mencionados anteriormente: *guiar* e *questionar*. Ou seja, a categoria identifica uma sequência discursiva em que a professora busca guiar os alunos para uma explicação científica da evaporação, ao mesmo tempo que se empregam perguntas que buscam aumentar a elaboração e compreensão dos alunos (Sequência 5.4). Essa forma de construir a explicação difere da anterior, que utiliza as elicitações para restringir as possíveis respostas dos alunos. Em termos educacionais, a presente abordagem é mais produtiva para o aprendizado dos alunos e a construção de um conhecimento comum de toda sala.

**Sequência 5.4.** Guiando explicações por meio de questionamentos

1 **P:** Você está falando sobre o ciclo da água... você está dizendo a coisa completa. Só quero saber o seguinte: tenho um copo d'água, o que é a evaporação da água?

**A1:** É só colocar o copo em uma superfície quente, aí ele vai esquentar também e a água vai subir...

**A2:** Todo mundo sabe quando a mãe faz arroz. Então, vamos supor, a gente tem água gelada... quando a água começa a esquentar, sai um ar, aí ela...

**P:** O que vai para o ar?

5 **A3:** A água vai... [?]

**P:** Água... [?]

**A4:** É um conjunto de água que... vai se transformar... em gás.

**P:** Um conjunto de água que se transforma numa espécie de gás... [?]

**A3:** É água se transformando em gás.

10 **P:** Evaporação.., olha... o termo próprio, já está escrito no termo... [*aponta para as letras que formam VAPOR na palavra EVAPORAÇÃO escrita na lousa*]

**As:** Vapor!

**A3:** Vira vapor...

**P:** Vira vapor... Quando eu falo "evaporação", estou dizendo que está virando vapor. Então..., o que é vapor? Se eu tiver um copo d'água aqui, a água está no estado... [?]

**A4:** Líquido.

15 **P:** Líquido, não é? E vai para... [?]

**A4:** Gasoso.

**P:** Isso é evaporação! Torna-se gasoso. Quando a água está no estado líquido... E não a água: qualquer líquido evapora para o estado gasoso. Mas eu tenho um copo de água aqui. O que significa evaporar? Quer dizer uma partícula de água, uma molécula de água está aqui no estado líquido, ela sai do líquido... vai para o ar... [*gesticula*]

**A5:** Torna-se ar?

**P:** Se mistura com o ar, não vira ar. Evapora, transforma-se em vapor de água e mistura-se no ar. A partícula de água que está aqui no líquido vai para o ar como vapor... e pode se espalhar pelo ar.

Logo no início, a professora fez duas perguntas abertas para desenvolver ou aprofundar as respostas dos alunos: "O que é a evaporação da água?"; "O que vai para o ar?" (linhas 1 e 4). Embora ela provavelmente estivesse procurando pela palavra 'vapor', não houve nenhuma indicação evidente para os alunos. Ela então registrou algumas respostas, repetindo-as até que alguns alunos dissessem "gás", "transformar em gás" (linhas 7 e 9). Essa foi a sua oportunidade de confirmar as ideias dos alunos e abrir uma nova investigação: "O que é vapor?" (linha 13) ou "O que significa evaporar?" (linha 17).

Contudo, ao final da sequência, em vez de explorar as ideias dos alunos sobre os aspectos microscópicos do fenômeno, a professora entrou em questionamentos rápidos e mais limitantes, fornecendo uma pista forte quando usou o termo 'estado'. Na ciência, dentro dos estados da matéria, a palavra 'estado' é geralmente associada a 'sólido', 'líquido' ou 'gasoso'. Assim, o 'estado' funciona como um guia para o discurso, suscitando respostas quase "espontâneas" dos alunos. A partir disso, a evaporação foi explicada como uma transformação de líquido em gás, sendo o vapor o estado gasoso da água. Por fim, a professora forneceu a explicação científica em uma perspectiva macro e microscópica (linha 19).

DIÁLOGO DE SALA DE AULA

*Fornecendo explicações de maneira interativa*

O último tipo de construção coletiva foi enquadrado como fornecer uma explicação de forma dialógica: isto é, em vez de apenas recitar a explicação, a professora inclui interativamente os alunos por meio de perguntas que permitem seguir a linha de raciocínio. A sequência diz respeito ao experimento da chuva (Sequência 5.5). Os alunos já tinham discutido a evaporação no nível microscópico. Eles estavam agora explorando o fenômeno da condensação – o que acontecia com as partículas de vapor quando estas encontrassem o filme plástico com menor temperatura (um pouco de água morna foi colocado em um copo, vedado com papel filme e uma pedra de gelo colocado sobre ele). A discussão já estava definida sob o ponto de vista científico, microscópico, reduzindo a possibilidade de abordar a explicação por diferentes ângulos.

O exemplo começa com a professora resumindo a explicação macroscópica usando palavras como 'líquido', 'gasoso' e 'estado' e empregando os termos 'se transformou em' ou 'viram' (linha 1). Ela também apontou para o fator temperatura ('mais frio'). Enquanto alguns alunos pensavam corretamente no movimento das partículas ao se aproximarem ('se reúnem' e 'se juntar'; linhas 2 e 5), um deles ainda considerou as partículas separadas ('se separam'; linha 3). A ideia correta pode ter sido levantada ao se observar que gotículas de água se juntavam no centro do filme plástico antes de cair.

**Sequência 5.5.** Fornecendo explicações de maneira interativa

1    **P:** É... está no estado gasoso e se transformou em líquido. A água estava no estado de vapor, subiu lá no filme plástico; o filme plástico estava mais frio, e aí o vapor ficou líquido. E... o que acontece com as partículas nesse processo? O que acontece com as partículas de água quando elas viram líquido?

   **A1:** Elas se reúnem novamente.

   **A2:** Elas se separam.

   **P:** Isso é evaporação...

5    **A3:** Elas vão se juntar.

**P:** Elas estão se juntando... Se eu dou energia, elas têm mais movimento, mais movimento, e se separam. Se eu tirar energia, elas vão se aproximar, se aproximar...

**A3:** Até elas se juntarem.

**P:** Até elas se juntarem... Lembram do teatro..., as partículas de líquidos estavam de mãos dadas. As partículas são mais ou menos assim [*gesticula*], perdem energia, andam mais devagar, ligam-se umas às outras. Mas tem uma coisa... o que faz com que eles desacelerem, se aproximem e se criem ligações?

**A4:** O frio.

**A5:** O congelamento.

**P:** O frio está bom... a gente consegue voltar no líquido aumentando o frio, esfriando. Bom! Mas eu só..., usaremos outra palavra, falaremos sobre ENERGIA. Coloca no Sol, coloca na vela, coloca no fogo, estou dando energia. Preciso dar energia ao líquido para transformá-lo em vapor. Sim ou não?

**A1:** Sim, é.

**P:** Se eu pegar esse copo d'água e colocar no fogo... Quando eu coloco as partículas no fogo, elas começam a ganhar energia. A palavra é energia. E aí... elas começam a se movimentar assim [*gesticula*]... ganhando mais energia. Mais energia. Mais energia... são partículas de vapor [*gesticula*]. Quero voltar ao líquido. O que eu tenho que fazer com a energia? Em termos de energia, tenho que dar mais energia? Eu tenho que tirar energia. Então... como tirar energia?

**A5:** Você tem que fazer isso virar gelo.

**A6:** Legal.

**P:** Eu preciso TIRAR energia. Em vez de dar energia, terei que tirar energia das partículas.

**As:** [*inaudível*]

**P:** Então... por isso aqui, em cima do copo: olha, eu coloquei os cubos de gelo. Eu precisava tirar energia. Partículas de vapor perdem energia em contato com o gelo e se transformam em líquido. Partículas de vapor perdem energia.

# DIÁLOGO DE SALA DE AULA

Essa sequência é uma das mais extensas em termos do discurso da professora. Observe que à medida que a professora construía a explicação, seus turnos de fala foram se tornando mais longos e repletos de termos científicos. Ela usou muita gesticulação para ilustrar as transformações da matéria e recapitulou a analogia com a dramatização (linhas 8 e 13). A maioria dos turnos de fala da professora foi sobre o comportamento das partículas em relação à transferência de energia. A linha 11 mostra uma tentativa de generalizar os muitos termos empregados pelos alunos ('fogo', 'Sol', vela' e 'gelo') para o conceito de energia, que é de fato bastante abstrato. Em seguida, ela desenvolveu o raciocínio de que a mudança no comportamento das partículas é explicada em termos de ganho ou perda de energia.

Enquanto isso, houve poucas ocorrências de exploração das ideias dos alunos, e seus turnos foram compostos apenas por um pequeno número de palavras. A professora seguiu uma linha de raciocínio científico (comportamento de partículas e transferência de energia) que incluía os alunos em sua construção.

Como essa era a última aula, a professora utilizou sua posição de autoridade para concluir o tema com a explicação científica mais correta e completa possível. Não seria o momento de abrir outra linha de investigação ou deixar o tema sem conclusão. Além disso, algumas condições, como a leitura do texto sobre o modelo de partículas, a dramatização e o experimento restringiram um diálogo aberto.

## A linguagem científica escolar

Alguns pesquisadores encaram o aprendizado de ciências como uma transformação progressiva de uma perspectiva cotidiana para uma científica (Duit *et al.*, 1998; Mortimer; Scott, 2003). As aulas de ciências que resultaram nas sequências discursivas apresentadas neste capítulo seguiram essa visão, começando com as ideias dos alunos sobre as observações experimentais e avançando para as principais características do conhecimento científico sobre evaporação. Isso não foi apenas planejado e incorporado nas aulas, mas também realizado na prática.

O ponto a ser refletido é que uma aula dialógica por si não é suficiente para levar os alunos à "nova" maneira científica de imaginar o mundo, isto é, os alunos não manifestam espontaneamente as particularidades da linguagem científica. Portanto, reforçamos a sugestão de que os professores e os materiais curriculares desempenham um papel essencial na abordagem explícita desses aspectos da linguagem relacionados à ciência (Hodson, 2009; Larrain *et al.*, 2017).

Os exemplos deste capítulo mostram uma compreensão refinada de como as explicações científicas podem aparecer no diálogo de sala de aula. Os enunciados e as sequências explicativas apareceram nas vozes dos alunos e foram representados de diversas formas que podem ser consideradas aproximações de uma explicação. Como seria de esperar, não foi identificada nenhuma ocorrência em que um aluno expressasse corretamente uma explicação científica por meio de uma fala clara e precisa. De fato, eles estavam elaborando essas explicações principalmente por meio de especulações ou hipóteses empregando o modo de *discurso exploratório* (ver capítulo 4)

O uso de termos científicos como jargões vazios nas explicações dos alunos pode ser visto dentro do princípio dormitivo; essas elaborações são aceitas porque abordam a situação fenomenológica com base em uma perspectiva científica e satisfazem o sentido de compreensão (Horwood, 1988). No entanto, sem uma exploração mais aprofundada, é impossível saber como se compreende tal significado.

Ao nível das sequências explicativas, ou seja, na interação coletiva, foram identificados cinco tipos de discursos. Ao construir uma explicação, os professores podem explorar as ideias dos alunos, guiá-los por uma linha de raciocínio ou fornecer a explicação de forma interativa. Estratégias como confronto, estreitamento (afunilamento) de respostas e questionamento foram empregadas. Essa tipologia parte de dados reais de sala de aula do ensino fundamental e pode divergir de outros estudos de filosofia da ciência, por exemplo, que tratam as explicações em sua forma finalizada.

Idealmente, as explicações científicas dadas por acadêmicos, professores ou livros didáticos são claras, objetivas, estruturadas e articulam coerentemente muitos elementos. Elas não emergem de interações verbais contínuas, mas são construídas didaticamente para apresentar a alguém como algo funciona. Essas explicações polidas e bem-organizadas geralmente aparecem na forma do *discurso elaborado*, com foco em persuadir o outro, fornecendo informações precisas e um raciocínio completo.

Capítulo 6

# DIÁLOGO E CULTURA

## Cultura escolar, cultura dialógica e cultura brasileira

Apesar de extensos estudos sobre o uso do diálogo em sala de aula, parece que os resultados têm causado pouco impacto nas práticas dos professores. Este capítulo de conclusão busca discutir alguns pontos relacionados à dificuldade de se mudar práticas escolares.

Na **cultura escolar**, muito se atribui a aspectos institucionais da gestão da educação uma visão segunda a qual a presença de currículos lotados, avaliações normativas e turmas grandes são obstáculos para práticas mais dialógicas.

Aspectos ideológicos da prática escolar também contribuem para a promoção de uma prática monológica. Por exemplo, ao abrirem espaço para o diálogo, os professores podem experimentar um sentimento de perda de poder e autoridade ou o dilema entre enfatizar o pensamento racional em busca da verdade ou valorizar as múltiplas e divergentes vozes na coconstrução de significados. Por parte dos alunos e na relação horizontal entre eles, é comum que eles não estejam "abertos ao outro", visto que não se veem "a si próprios e uns aos outros como contribuintes legítimos para o problema em questão (O'Connor; Michaels, 1996, p. 65). Muito frequentemente, os alunos esperam as respostas corretas do professor ou de algum material didático que tenha autoridade. Os alunos da educação básica não estão habituados à prática de investigação e reflexão na sala de aula.

Do ponto de vista teórico-prático, a **cultura dialógica** envolve pré-requisitos subjetivos como habilidades, disposições, crenças, atitudes e compromissos (Kazepides, 2012). Por exemplo, o ensino dialógico exige que os professores se preocupem com as contribuições de todos os alunos e atuem discursivamente de forma equilibrada, o que tensiona sua autonomia e seu controle da elaboração do conhecimento (O'Connor *et al.*, 2017; Schwarz; Baker, 2016). Alguns princípios do ensino dialógico podem ser contraditórios entre si, por exemplo, como garantir a coletividade e a reciprocidade das visões que permeiam a sala de aula, e, ao mesmo tempo, dar conta da progressão (cumulatividade) do diálogo para um objetivo (propósito) educacional? Ao se trabalhar no sentido de promover os dois primeiros, acaba-se por comprometer o desenvolvimento dos dois últimos. Por fim, reconhece-se a complexidade e a multifatorialidade envolvida em uma abordagem dialógica ao ensino–aprendizagem: currículo, avaliação, material didático, recursos, conhecimento, crenças e o próprio desenvolvimento de um novo 'modo de ser' na sala de aula.

Na construção de uma comunidade dialógica, as relações interpessoais com base em determinados valores também estão em jogo. Isto é, um *ethos* dialógico inclui características como respeito mútuo, confiança, liberdade de censura, tolerância, sensibilidade, flexibilidade, entre outros. Esses valores envolvem não apenas a forma como os participantes expressam as suas contribuições, mas também como estão predispostos a receber as dos outros. No caso de a comunidade não congregar esses valores, é improvável que os participantes vejam os outros como iguais e contribuintes legítimos, assumindo riscos ao expressar ideias inacabadas e tendo suas ideias desafiadas ou alteradas (Michaels *et al.*, 2008; O'Connor; Michaels, 1996). Dialogar envolve assumir riscos, com rotas e chegadas que podem ser bastante imprevisíveis; portanto, o importante é não remover esses riscos, mas estabelecer um ambiente de respeito e confiança (Alro; Skovsmose, 2023).

De fato, Mercer *et al.* (1991) alertam que o ensino e a aprendizagem para o diálogo devem estar atentos ao papel da compreensão mútua, e não apenas às capacidades cognitivas e linguísticas. A construção dessas

DIÁLOGO DE SALA DE AULA

relações mútuas pode ser mais crítica que a dimensão teórica ou prática da promoção das interações discursivas. Em consonância, outros sublinharam que o ensino dialógico precisa ser entendido em um contexto sociopedagógico, envolvendo "habilidades sociais (particularmente apoio social e confiança), seguida por habilidades de comunicação, levando a atividades mais avançadas de resolução de problemas e, finalmente, integração ao currículo" (Blatchford *et al.*, 2003, p. 166).

Em última análise, a cultura da sala de aula é uma realização conjunta de professores e alunos (Lefstein; Snell, 2014), e o envolvimento dialógico requer uma cultura em mudança, no sentido da reciprocidade e da colaboração. Muitos sublinharam como o discurso na sala de aula está profundamente enraizado na cultura, não apenas na cultura da sala de aula, mas também nas relações históricas e políticas que medeiam a vida e a identidade das pessoas (Schwarz; Baker, 2016). De acordo com Alexander (2015, p. 418-419), a cultura molda a natureza e a forma como o diálogo de sala de aula é realizado, uma vez que diferentes normas são valorizadas em países diversos: "É a cultura nacional, tanto quanto o hábito profissional, que incorpora e eventualmente embalsama modelos específicos de ensino".

Por fim, eu considero que a **cultura e a identidade brasileiras** não são baseadas em valores que nutrem um diálogo crítico. Para fundamentar essa afirmação, apoio-me na imagem do 'homem cordial' que Sérgio Buarque de Holanda elabora para representar os brasileiros em seu ***Raízes do Brasil*** (Holanda, 2012). Segundo essa interpretação, o brasileiro é considerado um povo amigável, mas governado pelo coração, pela paixão, que toma decisões baseadas no '*ethos* da emoção' (McCann, 2014). Ao comentar sobre essa visão, Costa (2014, p. 834) argumentou que esse 'homem cordial' visa evitar conflitos porque lhe falta "o repertório institucional e pessoal necessário para resolvê-los de forma pacífica e racional".

Na cultura brasileira, a crítica e o conflito são frequentemente vistos negativamente como promotores de desarmonia (Mateus, 2016), e os antagonismos interpretados como ameaça. Como resultado, nossa identidade social é baseada na aceitação, não na discordância ou no confronto: "a cordialidade é um tipo de sociabilidade desenvolvida dentro das condições históricas brasileiras" (Rocha, 2000, p. 74). Ou seja, o 'homem cordial' capta a evitação de diálogos para lidar com questões sociais e/ou políticas

(Lessa; Silinske, 2018). A personalidade brasileira evita o confronto porque não está equipada com dispositivos para raciocinar em conjunto; e sabe que conflitos podem terminar tragicamente (Costa, 2014). Assim, escapar do confronto significa escapar do diálogo.

Diz-se que essa norma social provém de relações familiares em uma sociedade rural patriarcal, não governada por instituições, mas por acordos com aqueles que estão mais próximos do poder. Assim, "o homem cordial não está familiarizado com a moderação das regras gerais, e nada o incomoda mais do que a busca do meio-termo, pois baseia o seu comportamento na interpretação de uma série complexa de hierarquias" (Rocha, 2000, p. 75). Como resultado, as normas sociais foram moldadas para que as relações pessoais e afetivas ultrapassassem os princípios abstratos, políticos ou morais (McCann, 2014).

Não obstante, essa norma social estava associada à escravatura, quando alguém mandava e outro obedecia. O Brasil foi a maior e mais contínua sociedade escravista entre as nações modernas (Hébrard, 2013), o que também afetou nossa vida social. No final das contas, "mesmo após o fim oficial dos regimes escravistas, elas [as sociedades contemporâneas] permanecem presas aos padrões mentais e institucionais da escravidão, que são racistas, autoritários e violentos" (Almeida, 2019, p. 184). Não é de se surpreender que alguns tenham chamado o racismo brasileiro de 'racismo cordial', que sempre existiu, mas é invisibilizado pela falta de confronto público e explícito (Owensby, 2005).

Vejo a cultura social brasileira como autoritária, violenta e avessa a diálogos fundamentados. Por vezes, essas características são muito explícitas – especialmente no atual momento político –, mas estão implícitas na maior parte do tempo. Aqui, entendo que a ausência de diálogo e a falta de uma cultura de valorização dele estão incorporadas na nossa identidade por nossa suposta abordagem cordial às relações sociais, que evita o confronto e camufla a violência com polidez (Costa, 2014; Lessa; Silinske, 2018). Evidentemente, essa cultura penetra em todas as relações interpessoais e na sala de aula. Assim, uma mudança dialógica exige um iterativo e contínuo exercício prático-reflexivo desses valores, entendimentos e habilidades discursivas.

## Coda: Mantendo diálogos no-mundo-com-o-mundo

No final de maio de 2024, eu estava participando de um congresso na cidade de Belo Horizonte quando fui visitar o Centro Cultural Banco do Brasil. O prédio histórico foi inaugurado em 1930 e passou por grande reforma e adaptação entre 2009-2013 para atender a sua nova funcionalidade. No interior do saguão central não pude deixar de me encantar pelo seu teto, uma construção de ferro e vidro na forma de vitral para o céu de um lindo entardecer, na ocasião. O registro desse vitral encontra-se na próxima página. Como estava às voltas com a conclusão desse livro, comecei a refletir em que medida aquele vitral poderia ser uma entrada para o diálogo.

A ideia que me ocorreu foi aproximar ambos, como uma janela para o mundo exterior; alguém de dentro do prédio que olha e interage com o mundo através de algo – do vitral, do diálogo. É por meio dele(s) que interagimos com o mundo, com o social, com os outros. O significado de 'diferentes perspectivas' atribuído ao diálogo está representado na fotografia pelas diferentes janelas – a mais central, mais limpa; as duas laterais, com mais obstáculos. Olhando ou dialogando por meio de diferentes perspectivas, obtemos diferentes pensamentos e consensos. Nessa analogia, as placas colocadas nas janelas para reter parte da luz solar representam a polifonia (ou multivocalidade), isto é, as diversas vozes que se expressam em qualquer enunciado–diálogo no/com o mundo. Por fim, o observador atento poderá notar na fotografia a presença de um balão inflável em forma de dinossauro que alguma criança pode ter perdido no dia do registro. Aqui, convido a pensarmos no inédito e no imprevisível a que nos abrimos ao dialogar com outras perspectivas; o diálogo genuíno é aberto e sem um ponto de chegada definido. Afinal, quem iria imaginar encontrar um dinossauro inflável no teto envidraçado de um museu? Quando eu poderia imaginar que estaria em um museu em Belo Horizonte, olhando para um vitral e pensando em diálogos com-o-mundo-no-mundo...

# REFERÊNCIAS

ABD-KADIR, J.; HARDMAN, F. The Discourse of Whole Class Teaching: A Comparative Study of Kenyan and Nigerian Primary English Lessons. **Language and Education**, v. 21, n. 1, p. 1-15, 2007.

ALBORNOZ, N.; ASSAÉL, J.; REDONDO, J. The circle of non-dialogue: everyday interactions at schools located in vulnerable areas and Chilean educational system. **Ethnography and Education**, v. 16, n. 2, p. 181-197, 2021.

ALEXANDER, R. **Culture and pedagogy: international comparisons in primary education**. Oxford: Blackwell, 2001.

ALEXANDER, R. Dialogic Pedagogy at Scale: Oblique Perspectives. *In*: RESNICK, L.; ASTERHAN, C. S. C.; CLARKE, S. N. (org.). **Socializing Intelligence through academic talk and dialogue**. Washington, D.C.: American Educational Research Association, 2015. p. 429-440.

ALEXANDER, R. Improving oracy and classroom talk: achievements and challenges. **Primary First**, v. 10, p. 22-29, 2013.

ALEXANDER, R. **Towards dialogic teaching: rethinking classroom talk**. 4th. ed. York: Dialogos, 2008.

ALEXOPOULOU, E.; DRIVER, R. Small-group discussion in physics: Peer interaction modes in pairs and fours. **Journal of Research in Science Teaching**, v. 33, n. 10, p. 1099-1114, 1996.

ALMEIDA, S. **Racismo Estrutural**. São Paulo: Pólen Produção Editorial, 2019.

ALRØ, H.; SKOVSMOSE, O. **Diálogo e Aprendizagem em Educação Matemática**. 3ª ed. São Paulo: Autêntica, 2023.

ANDRIESSEN, J. E. B.; SCHWARZ, B. B. Argumentative Design. *In*: MIRZA, N.; PERRET-CLERMONT, A.-N. (org.). **Argumentation and Education**. Boston, MA: Springer US, 2009. p. 145-174.

ASTERHAN, C. S. C. *et al.* Controversies and consensus in research on dialogic teaching and learning. **Dialogic Pedagogy: An International Online Journal**, v. 8, 2020.

ASTERHAN, C. S. C.; SCHWARZ, B. Argumentation and Explanation in Conceptual Change: Indications From Protocol Analyses of Peer-to-Peer Dialog. **Cognitive Science**, v. 33, n. 3, p. 374-400, 2009.

ASTERHAN, C. S. C.; SCHWARZ, B. Argumentation for Learning: Well-Trodden Paths and Unexplored Territories. **Educational Psychologist**, v. 51, n. 2, p. 164-187, 2016.

AYGUN, H. E. Dialogic teaching in Turkish courses: What the teachers say and what they do?. **Cypriot Journal of Educational Sciences**, v. 14, n. 1, p. 111-123, 2019.

BAINES, E.; BLATCHFORD, P.; KUTNICK, P. Changes in grouping practices over primary and secondary school. **International Journal of Educational Research**, v. 39, n. 1/2, p. 9-34, 2003.

BAINES, E.; RUBIE-DAVIES, C.; BLATCHFORD, P. Improving pupil group work interaction and dialogue in primary classrooms: results from a year-long intervention study. **Cambridge Journal of Education**, v. 39, n. 1, p. 95-117, 2009.

BAKHTIN, M. **Problems of Dostoevsky's poetics**. Minneapolis: University of Minnesota Press, 1984.

BAKHTIN, M. **Speech genres and other late essays**. Austin: University of Texas Press, 1986.

BARNES, D. Exploratory talk for learning. *In*: MERCER, N.; HODGKINSON, S. (org.). **Exploring talk in school: inspired by the work of Douglas Barnes**. London: Sage Publications, 2008. p. 1-16.

BARNES, D. **From communication to curriculum**. Harmondsworth: Penguin Books, 1976.

BENNETT, J. *et al.* Talking Science: The research evidence on the use of small group discussions in science teaching. **International Journal of Science Education**, v. 32, n. 1, p. 69-95, 2010.

BLATCHFORD, P. *et al.* Classroom contexts: Connections between class size and within class grouping. **British Journal of Educational Psychology**, v. 71, n. 2, p. 283-302, 2001.

BLATCHFORD, P. *et al.* Toward a social pedagogy of classroom group work. **International Journal of Educational Research**, v. 39, n. 1-2, p. 153-172, 2003.

BOHM, D.; FACTOR, D.; GARRETT, P. Dialogue: A proposal, 1991. Disponível em: http://www.david-bohm.net/dialogue/dialogue_proposal.html.

BURBULES, N. C. **Dialogue in Teaching: Theory and Practice**. New York: Teachers College Press, 1993.

CALCAGNI, E.; LAGO, L. The Three Domains for Dialogue: A framework for analysing dialogic approaches to teaching and learning. **Learning, Culture and Social Interaction**, v. 18, p. 1-12, 2018.

CAZDEN, C. **Classroom discourse: the language of teaching and learning**. Portsmouth: Heinemann, 1988.

CHAFI, M. E.; ARHLAM, A. The Dynamics of Classroom Talk in Moroccan Primary School: Towards Dialogic Pedagogy. **International Journal of Education and Research**, v. 2, n. 5, p. 16, 2014.

CLARKE, S. *et al.* Student agency to participate in dialogic science discussions. **Learning, Culture and Social Interaction**, v. 10, p. 27-39, 2016.

CORDEN, R. **Literacy & Learning Through Talk: Strategies for the Primary Classroom**. London: McGraw-Hill Education, 2000.

COSTA, S. O Brasil de Sérgio Buarque de Holanda. **Sociedade e Estado**, v. 29, p. 823-839, 2014.

DAWES, L. Research report: Talk and learning in classroom science. **International Journal of Science Education**, v. 26, n. 6, p. 677-695, 2004.

DRIVER, R. *et al*. Constructing scientific knowledge in the classroom. **Educational researcher**, v. 23, n. 7, p. 5-12, 1994.

DUIT, R. *et al*. Conceptual change cum discourse analysis to understand cognition in a unit on chaotic systems: towards an integrative perspective on learning in science. **International Journal of Science Education**, v. 20, n. 9, p. 1059-1073, 1998.

EDWARDS, D.; MERCER, N. **Common knowledge: the development of understanding in the classroom**. London: Routledge, 2012.

ENGESTRÖM, Y. Activity theory and individual and social transformation. *In*: ENGESTRÖM, Y.; MIETTINEN, R.; PUNAMÄKI, R.-L. (org.). **Perspectives on activity theory**. Cambridge: Cambridge University Press, 1999.

EVAGOROU, M.; OSBORNE, J. The role of language in the learning and teaching of science. *In*: OSBORNE, J.; DILLON, J. (org.). **Good practice in science teaching: what research has to say**. Maidenhead: Open University Press, 2010. p. 135-157.

FISHER, E. Distinctive features of pupil-pupil classroom talk and their relationship to learning: How discursive exploration might be encouraged. **Language and Education**, v. 7, n. 4, p. 239-257, 1993.

FLANDERS, N. A. **Analyzing teaching behavior**. Reading: Addison-Wesley, 1970.

FORMAN, E.; CAZDEN, C. Exploring Vygotskian perspectives in education: the cognitive value of peer interaction. *In*: FAULKNER, D.; LITTLETON, K.; WOODHEAD, M. (org.). **Learning relationships in the classroom**. London: Routledge, 1998. p. 189-206.

FREIRE, P. **Pedagogia do oprimido**. Rio de Janeiro: Paz e Terra, 2016.

GALTON, M. An ORACLE chronicle: A decade of classroom research. **Teaching and Teacher Education**, v. 3, n. 4, p. 299-313, 1987.

GALTON, M.; HARGREAVES, L.; PELL, T. Group work and whole-class teaching with 11- to 14-year-olds compared. **Cambridge Journal of Education**, v. 39, n. 1, p. 119, 2009.

GEE, J. P.; GREEN, J. L. Discourse Analysis, Learning, and Social Practice: A Methodological Study. **Review of Research in Education**, v. 23, p. 119-169, 1998.

GILLIES, R. M. Dialogic interactions in the cooperative classroom. **International Journal of Educational Research**, v. 76, p. 178-189, 2015.

GIL-PÉREZ, D. New trends in science education. **International Journal of Science Education**, v. 18, n. 8, p. 889-901, 1996.

GRAU, V.; WHITEBREAD, D. Self and social regulation of learning during collaborative activities in the classroom: The interplay of individual and group cognition. **Learning and Instruction**, v. 22, n. 6, p. 401-412, 2012.

GRUGEON, E. *et al.* **Teaching Speaking and Listening in the Primary School**. London: Routledge, 2012.

HARDMAN, J. Developing and supporting implementation of a dialogic pedagogy in primary schools in England. **Teaching and Teacher Education**, v. 86, p. 102908, 2019.

HARDMAN, F. *et al.* Implementing school-based teacher development in Tanzania. **Professional Development in Education**, v. 41, n. 4, p. 602-623, 2015.

HARGREAVES, L. *et al.* How do primary school teachers define and implement "interactive teaching" in the National Literacy Strategy in England? **Research Papers in Education**, v. 18, n. 3, p. 217-236, 2003.

HÉBRARD, J. M. Slavery in Brazil: Brazilian Scholars in the Key Interpretive Debates[1]. **Translating the Americas**, v. 1, 2013.

HODSON, D. **Teaching and learning about science: language, theories, methods, history, traditions and values**. Rotterdam: Sense Publishers, 2009.

HOFMANN, R.; MERCER, N. Teacher interventions in small group work in secondary mathematics and science lessons. **Language and Education**, p. 1-17, 2015.

HOGAN, D.; TUDGE, J. Implications of Vygotsky's Theory for peer learning. *In*: O'DONNELL, A. M.; KING, A. (org.). **Cognitive Perspectives on Peer Learning**. Mahwah: L. Erlbaum, 1999. p. 39-66.

HOLANDA, S. B. D. **Roots of Brazil**. 1st ediçãoed. Notre Dame: University of Notre Dame Press, 2012.

HOLQUIST, M. **Dialogism: Bakhtin and his world**. London: Routledge, 1990.

HORWOOD, R. H. Explanation and description in science teaching. **Science Education**, v. 72, n. 1, p. 41-49, 1988.

HOWE, C. Expert support for group work in elementary science. The role of consensus. *In*: SCHWARZ, B.; DREYFUS, T.; HERSHKOWITZ, R. (org.). **Transformation of knowledge through classroom interaction**. London: Routledge, 2009.

HOWE, C. *et al.* Group work in elementary science: Towards organisational principles for supporting pupil learning. **Learning and Instruction**, v. 17, n. 5, p. 549-563, 2007.

HOWE, C. Peer dialogue and cognitive development. A two-way relationship?. *In*: LITTLETON, K.; HOWE, C. (org.). **Educational dialogues: understanding and promoting productive interaction**. London: Routledge, 2010a. p. 32-47.

HOWE, C. **Peer groups and children's development**. Chichester: Wiley-Blackwell, 2010b.

HOWE, C. *et al.* Principled Improvement in Science: Forces and proportional relations in early secondary-school teaching. **International Journal of Science Education**, v. 37, n. 1, p. 162-184, 2015.

HOWE, C. Scaffolding in context: Peer interaction and abstract learning. **Learning, Culture and Social Interaction**, v. 2, n. 1, Conceptualising and grounding scaffolding in complex educational contextsScaffolding in education, p. 3-10, 2013.

HOWE, C. *et al.* Teacher–Student Dialogue During Classroom Teaching: Does It Really Impact on Student Outcomes?. **Journal of the Learning Sciences**, p. 1-51, 2019.

HOWE, C.; MCWILLIAM, D. Peer Argument in Educational Settings Variations Due to Socioeconomic Status, Gender, and Activity Context. **Journal of Language and Social Psychology**, v. 20, n. 1-2, p. 61-80, 2001.

HOWE, C.; MERCER, N. **Children's social development, peer interaction and classroom learning**. Primary Review, University of Cambridge Faculty of Education, 2007.

HOWE, C.; TOLMIE, A. Group work in primary school science: discussion, consensus and guidance from experts. **International Journal of Educational Research**, v. 39, n. 1-2, p. 51-72, 2003.

JAWORSKI, B. Theory and Practice in Mathematics Teaching Development: Critical Inquiry as a Mode of Learning in Teaching. **Journal of Mathematics Teacher Education**, v. 9, n. 2, p. 187-211, 2006.

KAZEPIDES, T. Education as Dialogue. **Educational Philosophy and Theory**, v. 44, n. 9, p. 913-925, 2012.

KELLY, G. J. Discourse Practices in Science Learning and Teaching. *In*: LEDERMAN, N. G.; ABELL, S. K. (org.). **Handbook of Research on Science Education, Volume II**. London: Routledge, 2014. p. 321-336.

KUHN, D. **The skills of argument**. Cambridge: Cambridge University Press, 1991.

KUTNICK, P. *et al.* **The effects of pupil grouping: Literature review**. The University of Brighton, 2005.

LAGO, L. Sobre metodologia e métodos para análise da interação discursiva em sala de aula: uma discussão entre abordagens quantitativa e qualitativa ⊠. **Educação em Revista**, v. 39, p. e41747, 2023.

LARRAIN, A. *et al.* Curriculum materials support teachers in the promotion of argumentation in science teaching: A case study. **Teaching and Teacher Education**, v. 67, p. 522-537, 2017.

LARRAIN, A.; HOWE, C.; FREIRE, P. 'More is not necessarily better': curriculum materials support the impact of classroom argumentative dialogue in science teaching on content knowledge. **Research in Science & Technological Education**, v. 36, n. 3, p. 282-301, 2018.

LEFSTEIN, A.; SNELL, J. **Better than best practice: developing teaching and learning through dialogue**. London: Routledge, 2014.

LEMKE, J. L. Articulating communities: Sociocultural perspectives on science education. **Journal of research in science teaching**, v. 38, n. 3, p. 296-316, 2001.

LEMKE, J. L. **Talking science: language, learning, and values**. Norwood: Ablex Publishing, 1990.

LESSA, B. de S.; SILINSKE, J. The role of violence in the classics of Brazilian Social Thought. **Ciências Sociais Unisinos**, v. 54, n. 2, p. 178-184, 2018.

LIGHT, P.; LITTLETON, K. Cognitive approaches to group work. *In*: FAULKNER, D.; LITTLETON, K.; WOODHEAD, M. (org.). **Learning relationships in the classroom**. London: Routledge, 1998. p. 171-188.

LINELL, P. **Approaching Dialogue: talk, interaction and contexts in dialogical perspectives**. Amsterdan: John Benjamins Publishing Company, 2001.

LINELL, P. **Essentials of dialogism: aspects and elements of a dialogical approach to language, communication and cognition**. 2004.

LIU, Y. Teacher–student talk in Singapore Chinese language classrooms: a case study of initiation/response/follow-up (IRF). **Asia Pacific Journal of Education**, v. 28, n. 1, p. 87-102, 2008.

LYLE, S. Dialogic Teaching: Discussing Theoretical Contexts and Reviewing Evidence from Classroom Practice. **Language and Education**, v. 22, n. 3, p. 222-240, 2008.

MAINE, F. **Dialogic readers: children talking and thinking together about visual texts**. Abingdon: Routledge, 2015.

MATEUS, E. Por uma pedagogia da argumentação. *In*: LIBERALI, F. *et al.* (org.). **Argumentação em Contexto Escolar. Relatos de Pesquisa**. Campinas: Pontes, 2016. p. 35-61.

MATUSOV, E. Guest Editor's Introduction: Bakhtin's Dialogic Pedagogy. **Journal of Russian & East European Psychology**, v. 42, n. 6, p. 3-11, 2004.

MATUSOV, E. Irreconcilable differences in Vygotsky's and Bakhtin's approaches to the social and the individual: An educational perspective. **Culture & Psychology**, v. 17, n. 1, p. 99-119, 2011.

MATUSOV, E. **Journey into Dialogic Pedagogy**. New York: Nova Science Publishers, 2009.

MATUSOV, E.; HAYES, R. Sociocultural critique of Piaget and Vygotsky. **New Ideas in Psychology**, v. 18, n. 2, p. 215-239, 2000.

MCCANN, B. Roots of Brazil by Sérgio Buarque de Holanda (review). **The Americas**, v. 71, n. 2, p. 367-368, 2014.

MEDVEDEV, P.; BAKHTIN, M. **The Formal Method in Literary Scholarship: A Critical Introduction to Sociological Poetics**. Cambridge: Harvard University Press, 1978.

MEHAN, H. **Learning lessons: social organization in the classroom**. Cambridge: Harvard University Press, 1979.

MERCER, N. Developing Dialogues. *In*: WELLS, G.; CLAXTON, G. (org.). **Learning for Life in the 21st Century: Sociocultural Perspectives on the Future of Education**. Oxford: Blackwell Publishers, 2002. p. 141-153.

MERCER, N. *et al.* Reasoning as a scientist: ways of helping children to use language to learn science. **British Educational Research Journal**, v. 30, n. 3, p. 359-377, 2004.

MERCER, N. Sociocultural discourse analysis: analysing classroom talk as a social mode of thinking. **Journal of Applied Linguistics**, v. 1, n. 2, p. 137-168, 2004.

MERCER, N. Talk and the Development of Reasoning and Understanding. **Human Development**, v. 51, n. 1, p. 90-100, 2008.

MERCER, N. **The guided construction of knowledge: talk amongst teachers and learners**. Clevedon: Multilingual Matters, 1995.

MERCER, N. The quality of talk in children's collaborative activity in the classroom. **Learning and Instruction**, v. 6, n. 4, p. 359-377, 1996.

MERCER, N. **Words and minds: how we use language to think together**. London: Routledge, 2000.

MERCER, N.; DAWES, L. The study of talk between teachers and students, from the 1970s until the 2010s. **Oxford Review of Education**, v. 40, n. 4, p. 430-445, 2014.

MERCER, N.; DAWES, L.; STAARMAN, J. K. Dialogic teaching in the primary science classroom. **Language and Education**, v. 23, n. 4, p. 353-369, 2009.

MERCER, N.; HOWE, C. Explaining the dialogic processes of teaching and learning: The value and potential of sociocultural theory. **Learning, Culture and Social Interaction**, v. 1, n. 1, p. 12-21, 2012.

MERCER, N.; LITTLETON, K. **Dialogue and the development of children's thinking: a sociocultural approach**. London: Routledge, 2007.

MERCER, N.; PHILLIPS, T.; SOMEKH, B. Spoken Language and New Technology (SLANT). **Journal of Computer Assisted Learning**, v. 7, n. 3, p. 195-202, 1991.

MICHAELS, S.; O'CONNOR, C. Conceptualizing talk moves as tools: Professional development approaches for academically productive discussion. *In*: RESNICK, L.; ASTERHAN, C. S. C.; CLARKE, S. N. (org.). **Socializing intelligence through talk and dialogue.** Washington, D.C.: American Educational Research Association, 2015. p. 333-347.

MICHAELS, S.; O'CONNOR, C. **Talk Science Primer.** Cambridge: TERC, 2012. Disponível em: https://inquiryproject.terc.edu/shared/pd/TalkScience_Primer.pdf.

MICHAELS, S.; O'CONNOR, C.; RESNICK, L. B. Deliberative Discourse Idealized and Realized: Accountable Talk in the Classroom and in Civic Life. **Studies in Philosophy and Education**, v. 27, n. 4, p. 283-297, 2008.

MILLER, R. **Vygotsky in Perspective.** Cambridge: Cambridge University Press, 2011.

MIRZA, N. M. *et al.* Psychosocial Processes in Argumentation. *In*: MIRZA, Nathalie Muller; PERRET-CLERMONT, Anne-Nelly (org.). **Argumentation and Education.** New York: Springer US, 2009. p. 67-90.

MOLINARI, L.; MAMELI, C. Classroom dialogic discourse: An observational study. **Procedia - Social and Behavioral Sciences**, v. 2, n. 2, p. 3857-3860, 2010.

MORRIS, P. Introduction. *In*: **The Bakhtin Reader.** London: Edward Arnold, 1994. p. 1-24.

MORTIMER, E.; SCOTT, P. **Meaning making in secondary science classrooms.** Maidenhead: Open University Press, 2003.

MUHONEN, H. *et al.* Knowledge-building patterns in educational dialogue. **International Journal of Educational Research**, v. 81, p. 25-37, 2017.

MUÑOZ-HURTADO, J. Productive Verbal Interactions in Classrooms With Children From Different Socioeconomic Backgrounds: An Empirical Study in Chilean Schools. **Psykhe**, v. 29, n. 2, 2020.

MYHILL, D. Talk, talk, talk: teaching and learning in whole class discourse. **Research Papers in Education**, v. 21, n. 1, p. 19-41, 2006.

NASSAJI, H.; WELLS, G. What's the use of "triadic dialogue"?: an investigation of teacher-student interaction. **Applied Linguistics**, v. 21, n. 3, p. 376-406, 2000.

DIÁLOGO DE SALA DE AULA

NUSSBAUM, M. Collaborative discourse, argumentation, and learning: Preface and literature review. **Contemporary Educational Psychology**, v. 33, n. 3, p. 345-359, 2008.

NYSTRAND, M. **Opening dialogue: understanding the dynamics of language and learning in the English classroom**. New York: Teachers College Press, 1997.

O'CONNOR, C. *et al.* The silent and the vocal: Participation and learning in whole-class discussion. **Learning and Instruction**, v. 48, p. 5-13, 2017.

O'CONNOR, C.; MICHAELS, S. Aligning Academic Task and Participation Status through Revoicing: Analysis of a Classroom Discourse Strategy. **Anthropology and Education Quarterly**, v. 24, n. 4, p. 318-335, 1993.

O'CONNOR, C.; MICHAELS, S. Shifting participant frameworks: orchestrating thinking practices in group discussion. *In*: HICKS, D. (org.). **Discourse, Learning, and Schooling**. Cambridge: Cambridge University Press, 1996. p. 63-103.

O'CONNOR, C.; MICHAELS, S. When Is Dialogue "Dialogic". **Human Development**, v. 50, n. 5, p. 275-285, 2007.

OGBORN, J. *et al.* **Explaining science in the classroom**. Buckingham: Open University Press, 1996.

OSBORNE, J.; ERDURAN, S.; SIMON, S. Enhancing the quality of argumentation in school science. **Journal of Research in Science Teaching**, v. 41, n. 10, p. 994-1020, 2004.

OSBORNE, J.; PATTERSON, A. Scientific argument and explanation: A necessary distinction?. **Science Education**, v. 95, n. 4, p. 627-638, 2011.

OWENSBY, B. Toward a History of Brazil's "Cordial Racism": Race beyond Liberalism. **Comparative Studies in Society and History**, v. 47, n. 2, p. 318-347, 2005.

PEHMER, A.-K.; GRÖSCHNER, A.; SEIDEL, T. Fostering and scaffolding student engagement in productive classroom discourse: Teachers' practice changes and reflections in light of teacher professional development. **Learning, Culture and Social Interaction**, v. 7, p. 12-27, 2015.

PREISS, D. D. The Chilean instructional pattern for the teaching of language: A video-survey study based on a national program for the assessment of teaching. **Learning and Individual Differences**, v. 19, n. 1, p. 1-11, 2009.

RACIONERO, S.; PADRÓS, M. The dialogic turn in educational psychology. **Revista de Psicodidáctica**, v. 15, n. 2, 2010.

RESNICK, L.; ASTERHAN, C.; CLARKE, S. Student Discourse for Learning. *In*: HALL, G. E.; GOLLNICK, D. M.; QUINN, L. F. (org.). **Handbook of Teaching and Learning**. New York: Wiley-Blackwell, 2017.

REZNITSKAYA, A.; GREGORY, M. Student Thought and Classroom Language: Examining the Mechanisms of Change in Dialogic Teaching. **Educational Psychologist**, v. 48, n. 2, p. 114-133, 2013.

ROCHA, J. C. de C. The Origins and Errors of Brazilian Cordiality. **Portuguese Literary and Cultural Studies**, p. 73-87, 2000.

ROJAS-DRUMMOND, S.; MERCER, N. Scaffolding the development of effective collaboration and learning. **International Journal of Educational Research**, v. 39, n. 1-2, p. 99-111, 2003.

ROJAS-DRUMMOND, S.; MERCER, N.; DABROWSKI, E. Collaboration, scaffolding and the promotion of problem solving strategies in Mexican pre-schoolers. **European Journal of Psychology of Education**, v. 16, n. 2, p. 179-196, 2001.

ROTH, W.-M. **Talking Science: Language and Learning in Science Classrooms**. Lanham: Rowman & Littlefield, 2005.

ROTH, W.-M. Teacher questioning in an open-inquiry learning environment: Interactions of context, content, and student responses. **Journal of Research in Science Teaching**, v. 33, n. 7, p. 709-736, 1996.

ROTH, W.-M.; MCGINN, M. K. Knowing, Researching, and Reporting Science Education: Lessons from Science and Technology Studies. **Journal of Research in Science Teaching**, v. 35, n. 2, p. 213, 1998.

SALJO, R. Thinking with and through artifacts: The role of psychological tools and physical artifacts in human learning and cognition. *In*: FAULKNER, D.; LITTLETON, K.; WOODHEAD, M. (org.). **Learning relationships in the classroom**. London: Routledge, 1998. p. 54-66.

SCHWARZ, B.; BAKER, M. **Dialogue, Argumentation and Education: History, Theory and Practice**. Cambridge: Cambridge University Press, 2016.

SEDLACEK, M.; SEDOVA, K. How many are talking? The role of collectivity in dialogic teaching. **International Journal of Educational Research**, v. 85, p. 99-108, 2017.

# DIÁLOGO DE SALA DE AULA

SEDOVA, K. *et al.* Do those who talk more learn more? The relationship between student classroom talk and student achievement. **Learning and Instruction**, v. 63, p. 101217, 2019.

SEDOVA, K. *et al.* On the Way to Dialogic Teaching: Action Research as a Means to Change Classroom Discourse. **Studia paedagogica**, v. 19, n. 4, p. 9-43, 2014.

SEGAL, A.; SNELL, J.; LEFSTEIN, A. Dialogic teaching to the high-stakes standardised test?. **Research Papers in Education**, v. 32, n. 5, p. 596-610, 2017.

SEIDEL, T.; PRENZEL, M. Stability of teaching patterns in physics instruction: Findings from a video study. **Learning and Instruction**, v. 16, n. 3, p. 228-240, 2006.

SFARD, A. On Two Metaphors for Learning and the Dangers of Choosing Just One. **Educational Researcher**, v. 27, n. 2, p. 4-13, 1998.

SINCLAIR, J.; COULTHARD, R. M. **Towards an analysis of discourse: the English used by teachers and pupils**. London: Oxford University Press, 1975.

SKIDMORE, D. Pedagogy and dialogue. **Cambridge Journal of Education**, v. 36, n. 4, p. 503-514, 2006.

SMITH, F. *et al.* Interactive Whole Class Teaching in the National Literacy and Numeracy Strategies. **British Educational Research Journal**, v. 30, n. 3, p. 395-411, 2004.

SNELL, J.; LEFSTEIN, A. Computer-assisted systematic observation of classroom discourse & interaction. **Working Papers in Urban Language and Literacies. King's College London**, v. 77, 2011.

SOHMER, R. *et al.* Guided construction of knowledge in the classroom: the troika of talk, tasks and tools. *In*: SCHWARZ, B.; DREYFUS, T.; HERSHKOWITZ, R. (org.). **Transformation of knowledge through classroom interaction**. London: Routledge, 2009. p. 105-129.

SUTTON, C. New perspectives on language in science. *In*: FRASER, B. F.; TOBIN, K. G. (org.). **International Handbook of Science Education (Part One)**. Dordrecht: Kluwer Academic Publishers BV, 1998. p. 27-38.

TEO, P. Exploring the dialogic space in teaching: A study of teacher talk in the pre-university classroom in Singapore. **Teaching and Teacher Education**, v. 56, p. 47-60, 2016.

TOBIN, K. Issues and trends in teaching science. *In*: FRASER, B. F.; TOBIN, K. (org.). **International Handbook of Science Education (Part One)**. Dordrecht: Kluwer Academic Publishers BV, 1998. p. 129-151.

VERESOV, N. Introducing cultural historical theory: main concepts and principles of genetic research methodology. **Cultural-historical Psychology**, v. 6, n. 4, p. 83-90, 2010.

VERESOV, N. Zone of proximal development (ZPD): the hidden dimension?. *In*: OSTERN, A.; HEILA-YLIKALLIO, R. (org.). **Språk som kultur: brytningar i tid och rum** [Language as culture: tensions in time and space]. Vasa: Pedagogiska fakulteten, Åbo akademi [Faculty of Education, Åbo University], 2004. v. 1, p. 13-30.

VOLOSHINOV, V. N. **Marxism and the Philosophy of Language**. New York: Seminar Press, 1973.

VYGOTSKY, L. **The Collected Works of L. S. Vygotsky. Child psychology**. New York: Plenum Press, 1998

VYGOTSKY, L. **The Collected Works of L. S. Vygotsky. Problems of general psychology**. New York: Plenum Press, 1987.

WEBB, N.; FARIVAR, S. Developing productive group interaction in middle school mathematics. *In*: O'DONNELL, A.; KING, A. (org.). **Cognitive Perspectives on Peer Learning**. Mahwah: L. Erlbaum, 1999. p. 117-150.

WEGERIF, R. **Dialogic education and technology: Expanding the space of learning**. New York: Springer, 2007.

WEGERIF, R. **Dialogic: education for the internet age**. London: Routledge, 2013.

WEGERIF, R. **Mind Expanding: Teaching For thinking and creativity in primary education**. Maidenhead: Open University Press, 2010.

WEGERIF, R.; DAWES, L. **Thinking and learning with ICT: raising achievement in primary classrooms**. London: Routledge, 2004.

WEGERIF, R.; MERCER, N.; DAWES, L. From social interaction to individual reasoning: an empirical investigation of a possible socio-cultural model of cognitive development. **Learning and Instruction**, v. 9, n. 6, p. 493-516, 1999.

WEISS, I. *et al.* **A study of K-12 mathematics and science education in the United States.** Chapel Hill: Horizon Research, 2003.

WELLS, G. **Dialogic inquiry: towards a sociocultural practice and theory of education**. Cambridge: Cambridge University Press, 1999.

WELLS, G. Reevaluating the IRF sequence: A proposal for the articulation of theories of activity and discourse for the analysis of teaching and learning in the classroom. **Linguistics and Education**, v. 5, n. 1, p. 1-37, 1993.

WELLS, G.; ARAUZ, R. M. Dialogue in the Classroom. **Journal of the Learning Sciences**, v. 15, n. 3, p. 379-428, 2006.

WELLS, G.; ARAUZ, R. M. Toward dialogue in the classroom: Learning and teaching through Inquiry. **Working Papers on Culture, Education and Human Development**, v. 1, n. 4, p. 1-45, 2005.

WERTSCH, J. V.; TULVISTE, P. L. S. Vygotsky and contemporary developmental psychology. *In*: FAULKNER, D.; LITTLETON, K.; WOODHEAD, M. (org.). **Learning relationships in the classroom**. London: Routledge, 1998. p. 13-30.

WILKINSON, I.; SON, E. A Dialogic Turn in Research on Learning and Teaching to Comprehend. *In*: KAMIL, M.; PEARSON, D.; MOJE, E.; AFFLERBACH. P. (org.). **Handbook of Reading Research**. New York: Routledge, 2011. v. 4, p. 359-387.

XU, L.; CLARKE, D. Speaking or not Speaking as a Cultural Practice: Analyses of mathematics classroom discourse in Shanghai, Seoul and Melbourne. **Educational Studies in Mathematics**, v. 102, p. 127-146, 2019.

Anexo

# TIPOS DE PERGUNTA

**1. Verificação**: questão de nomenclatura que evoca dados e requer que o aluno se lembre de fatos ou informações, sem colocá-los em uso. Uma pergunta que solicita ao aluno que simplesmente nomeie um evento, processo ou fenômeno sem demonstrar sua relação com outros fatores.

"Quais são as principais safras do país?"

"Onde os jacarés moram?"

"Como chamamos este processo de transformação de água?"

"Como chamamos este tipo de palavra?"

**2. Observação**: questão que solicita aos alunos que descrevam o que veem, sem tentar explicá-lo.

"O que aconteceu quando o solo secou?"

"O que Rex está fazendo nesta figura?"

**3. Controle**: questão que envolve o uso de perguntas para modificar o comportamento dos alunos ao invés de sua aprendizagem.

"Quer se sentar, João?"

**4. Pseudoquestão**: questão construída para parecer que o professor aceitará mais de uma resposta, quando, na verdade, isso não irá ocorrer.

"Esta é uma rede ferroviária integrada, então?"

"Você acha que é correto pegar a prova escondido da professora?"

"Na evaporação, a água líquida é transformada em... [?]"

**5. Especulação e hipóteses**: questão que pede aos alunos que especulem sobre o resultado de uma situação hipotética.

"Imaginem um mundo sem árvores. Como isso afetaria nossas vidas?"

"Se o Max não fosse amigável, o que aconteceria na estória?"

**6. Raciocínio**: questão que solicita aos alunos que deem razões e justificativas para suas ideias. Serve também para avaliar contribuições dos alunos.

"O que motiva essas pessoas a viverem tão perto de um vulcão?"

"Você disse que a estória é uma ficção. Por que você acha isso?"

**7. Resolução de problemas**: questão que pede aos alunos que construam formas de encontrar respostas para as questões.

"Como podemos medir a velocidade de um carro?"

"Suponha que queremos saber se os dragões realmente existiram no passado. Como podemos fazer isso?"

# SOBRE O AUTOR

*Leonardo Lago* é doutor em Educação pela Faculdade de Educação da Universidade de Cambridge (UK) e pós-doutor pelo Programa de Pós-Graduação em Educação Científica e Tecnológica da Universidade Federal de Santa Catarina (UFSC). É mestre em Ensino de Ciências (Física) pelo Programa de Pós-Graduação Interunidades em Ensino de Ciências da Universidade de São Paulo (USP) e em Ciências (Astrofísica) pelo Instituto de Astronomia, Geofísica e Ciências Atmosféricas da Universidade de São Paulo (USP). É também bacharel e licenciado em Física pelo Instituto de Física da Universidade de São Paulo (USP).

Atualmente, é professor adjunto da Universidade Federal de Lavras (UFLA), atuando nos cursos de graduação de licenciatura em Física e de pós-graduação em Ensino de Ciências e Educação Matemática, e em Educação Científica e Ambiental.

"Ensino de Ciências", "Ensino dialógico", "Formação de professores", "Formação de conceitos" e "Teoria da atividade" constituem seus interesses em pesquisa. Tem experiência profissional como professor, editor de livros, consultor e assessor de projetos educacionais; suas publicações podem ser encontradas em: https://www.researchgate.net/profile/Leonardo-Lago-4

1ª. edição:     Agosto de 2024
Tiragem:        300 exemplares
Formato:        16x23 cm
Mancha:         12,3 x 19,9 cm
Tipografia:     Open sans condensed 14
                Arno Pro 11/12/25
                Roboto Condensed 8/10
Impressão:      Offset 75 g/m²
Gráfica:        Prime Graph